オトナ女子の

そろそろお金の話

婚活から老後までのお金シミュレーション

PARCO出版

はじめに

女性にとって「30歳」を迎えることは、ひとつの節目。

20代だった頃とは違う30という年数の重み、響き。大人としての責任がより強く芽生え、仕事はますます面白くなり、結婚・出産というイベントも増えてくることでしょう。

本書では、その年代を『オトナ女子』として、これからの人生をシミュレーションできるよう、婚活から老後までのお金の考え方をわかりやすく説明していきます。

さて、30代は結婚・出産をはじめとするライフイベントが目白押し！ただし、ワクワクする出来事には何かとお金がかかることが多いもの。その時にお金で苦労することはできるだけ避けたいですよね。それにはまず、「お金」について意識的に向き合うことから始めてみませんか。

難しいことではありません。無駄な支出があればそれを見直し、目標を立ててお金を貯めること。そしてお金の知識と情報を正しく身に付けることです。

例えば子ども。不妊治療には助成金制度が、子育てには家計をバックアップしてくれる教育費の支援制度があります。クレジットカード１枚を作るにも、各カード会社のメリット・デメリットを知り、自分の生活スタイルに合ったカードを選ぶことができれば、賢く使うことも可能。こうした情報を知っているのと知らないのでは、暮らしに大きく差が出てきます。

年金だってそう。私たちは毎月、保険料を支払っていますが、将来もらえる年金は減るともいわれています。だからこそ、お金についての知識を得た上で、老後に備えて今から資金作りにいそしむことは決してムダなことではありません。

不安は無知から生まれるもの。将来を不安視するなら、その時間を学びの時間に充てることも必要です。

この１冊があなたにとって大いに役立ち、人生をより輝かせるものになることを願っています。

人生の主人公は他の誰でもない、あなた自身なのだから。

オトナ女子のそろそろお金の話

婚活から老後までのお金シミュレーション

もくじ

1章 婚活&結婚

2章 住居

3章 妊娠&出産

66

4章 子育て

84

5章 投資 108

6章 趣味 132

7章

保険

8章

老後

本気
だからあ〜〜

1章

婚活＆結婚

Marriage hunting & Marriage

ウェディングドレスを着て
たくさんの人に祝ってもらいたい！
ではその夢を叶えるために
現実を考えた時、いくらかかるか
ご存じですか？
出会いから結婚に至るまで、
必要となるお金の話をご紹介します。

婚活＆結婚
1

今は、婚活サービスが当たり前の時代！

婚活サービスで相手を見つけて結婚した人

11.3%
（2016年）

※ 2013年は4.7%、2014年は6.7%、2015年は8.3%
※婚活サービス利用者に限ってみると成婚率は39.4%（2016年）に。
　ちなみに前年は27.6%

結婚相談所

恋活サイト・アプリ

婚活パーティ・イベント

婚活サイト・アプリ

出典：「婚活実態調査2017（リクルートブライダル総研調べ）」

出会いが広がる婚活サービス

結婚相談所や婚活パーティーなど、いわゆる「婚活サービス」を利用して、結婚する人は年々増加傾向にあります。最近だとネット上で相手を見つけられる「婚活サイト・アプリ」の普及により、出会いの場はますます広がっています。

ただし年齢が上がるにつれ、相手が見つかりづらくなるのもまた事実。だからこそ、できるだけ多くの出会いの場を作り、その中から相性のいい方と結婚に向けたお付き合いをできることが理想的です。

そこで気を付けたいのが費用のこと。出会いの場が広がる分、比例して婚活にかかるコストも増えてきます。

婚活するにもコストはかかる

例えば友人・知人が主催する合コンに参加したとしても飲み代はかかりますし、婚活イベントには参加費用、アプリは登録費用などがかかってきます。それだけでなくヘアメイクやファッション、お見合い写真をプロに撮影してもらう、というケースもあるでしょうし、結婚相談所では登録料や月会費、また結婚できた場合に成婚料の支払いが発生することもあります。

このようにシステマチックな婚活には費用がかかることを念頭に置き、自分に合った婚活スタイルで無理のないよう動くことも大切です。

婚活＆結婚
2

婚活イベントって いくらかかるの？

婚活イベントの平均参加費用

約1000～5000円

※いずれも１回の参加費用の平均
※登録料などは含みません

高収入の相手を
探すなら
参加費も
高くなるわね

気軽・手軽が嬉しい最近の婚活イベント

マラソンやワイン、アニメ、猫好きなど同じ趣味・嗜好の男女を集めて開催されることが多い最近の婚活イベント。そのため、共通の話題で会話も弾むなどのメリットもあり、平日なら仕事帰り、週末は昼間からと参加しやすい時間帯に設定されているのも人気の理由。

例えば、大人数で不特定多数の相手と知り合える街コンは、街ぐるみで地域活性化に取り組みながら出会いの場がセッティングされることが多いのが特徴。複数店舗が参加している場合、各店舗を往来できるので、気に入った相手がいなければ店を移動して新たな相手を探すことができます。いずれも1回の参加費用は数千円単位と低めの価格設定が多く、気軽に参加できる内容になっています。

細分化される婚活イベント

婚活イベントは内容によっては参加費用に差があります。

例えば、男性が医師や経営者など女性に人気の高い職業限定の場合、参加費用は女性のほうが高いケースが見受けられ、1万円を超えることもあります。

一方、年齢制限が設けられている場合、20代など若年層の参加費用は数百円からという超低価格イベントも。

婚活&結婚 3

結婚相談所の費用の高さは本気度に比例？

入会から成婚までの費用の目安

入会料	約5万円
初期費用（事務手数料、登録料など）	約3万8000円
月会費	約1万2000円
お見合い料	約1万円
休会費	500～1000円／月
成婚料	約22万円

1対1の出会いを求めるなら結婚相談所がオススメ

コスト高めな結婚相談所

値段的にも気軽・手軽な婚活イベントに比べて、費用の高さが際立つ結婚相談所。その違いは手厚いサポートにあるのかもしれません。

そもそも結婚相談所に登録するためには、各種証明書などが必要なケースがほとんど。相手の身元がわかった上での出会いとなるため、安心ともいえるでしょう。

登録後は自分の条件に合ったお相手を担当スタッフが紹介してくれたり、相談所のサイト内で会ってみたい相手を自分で申し込むなど、さまざま。また紹介人数は月会費などによって違ってくることもあるようです。

結婚相談所には担当者がいるので、ちょっとしたことでも相談にのってもらえたり、自己PR文が必要な場合、アドバイスをしてもらえるなどのメリットがあります。

大人数が苦手な人にはちょうどいい

結婚相談所にかかるコストは決して安くはありませんが、その分、登録者の結婚に対する真剣度はより高いともいえるでしょう。

基本的にはお見合いのように1対1での対面が可能になるため、大人数でのパーティー形式が苦手な方には好ましい婚活サービスかもしれません。

婚活＆結婚 4

手軽でお得？ 婚活アプリ

主な婚活アプリの平均月会費

1カ月……………約 3800円

↓ 延長 ↓

3カ月……………約 3400円

↓ 延長 ↓

6カ月……………約 3000円

利用者急増中の婚活アプリ

近年、婚活サービスの中で利用者が増加しているのが婚活アプリ。スマートフォンからアプリをダウンロードし、表示される写真やプロフィールから自分の好みや条件に合った相手を探せるシステムで、今や主流な出会いのツールのひとつに。

基本的に登録料はかかりませんが、マッチングした後にメッセージのやり取りを行う場合、有料制に移行するケースが多いようです。

実際に会ってみて違うということも

代表的なアプリ各社の平均月会費を算出してみると、1カ月の平均月会費は約3800円で、3カ月、6カ月、12カ月と有料会員を延長した場合に少しずつ利用料が安くなる方式を取る会社が多いようです。

アプリを運営する会社は基本的にはシステムを提供するだけなので、結婚相談所のように利用者それぞれに担当者が付くことはありません。

マッチングして双方合意すればすぐにでも会える気軽さはありますが、アプリ上でのやり取りのみでのコミュニケーションが先ですので、実際に会ってみたら、「あれ？　何か違う……」と思ってしまうことも少なくないようです。

婚活＆結婚
5

好感度アップはプロにお任せ！

婚活プロフィール写真
撮影料の平均

1万円前後

※スタジオ撮影。1〜2カット納品時

婚活には欠かせないプロフィール写真

婚活で何より大切なのは第一印象。相手を選ぶ際にはプロフィール写真がそのカギを握るため、フォトスタジオでプロに依頼して撮影する方も増えているようです。こうしたニーズの高まりを受け、お見合い写真をメニューに掲げているフォトスタジオも増加しています。

撮影費用はフォトスタジオによってさまざまですが、数十カット撮影した中から1〜2カットを選び、納品してもらう形で1万円前後が多いよう。

また、プロによるヘアメイクや画像加工、ロケでの撮影等をオプションとして設けているスタジオもありますが、これらは基本、有料ですので追加するごとに価格が上乗せされます。

フォトスタジオを選ぶ際には、明確な値段を提示している、ホームページに見本の作品を掲載している点などを判断材料にするとよいでしょう。

気を付けたいのは写真の加工。自分をよく見せたいからとやり過ぎは禁物です。ほどほどに。

婚活＆結婚 6

永遠の誓いに指輪は欠かせない？

婚約・結婚指輪の平均購入額

婚約指輪 35万4000円

結婚指輪 （夫婦2つで）24万1000円

出典：「ゼクシィ結婚トレンド調査 2017」調べ

婚約指輪、不要と考えるカップルも!?

男性から女性に贈る婚約指輪は、プロポーズから入籍前までの婚約期間に身に付けるもので、ダイヤモンドをあしらったものが人気。

また「半返し」といって、婚約指輪のお返しとして女性から男性にプレゼントを渡すのも風習としてあります。相場は婚約指輪の半値ともいわれ、腕時計などが多いようですが、必ず渡さなくてはいけないというものではありません。

ちなみに婚約指輪は結婚後、パーティーなどの席で重ね付けをすることが多いですが、最近では金銭的な事情や、婚約指輪を買うお金で新婚生活に必要な家具などを購入するケースもあり、婚約指輪は不要と考えるカップルも増えています。

結婚指輪は日常的に着けるものなので、紛失するリスクを考え、現実的な値段で購入することもあるようです。

婚活＆結婚
7

両家の結びつきを深める「結納」って？

結納にかかる平均費用

結納金	91万2000円
結納品	14万1000円
結納返し	38万5000円
会場費用（食事代含む）	18万3000円

出典：「ゼクシィ結婚トレンド調査2017」調べ

結納って言葉に
文化を感じる！
大変そうだけど
憧れるなぁ〜

結納は古くから伝わる日本の文化

結婚する2人の家族が、フォーマルな場で顔合わせを行う結納は古くから伝わる日本の風習で、両家の親交を深め、婚約したことを確認するための大切な儀式です。

形式的な結納は、男性側から結納金や結納品などを贈り、女性側から結納返しを贈るもので、結納返しは結納金の半額程度。

かつては仲人を立てて行われていましたが、用意する手間やお金もかかるなどの理由で、伝統的な儀式にもとづいた結納を行うカップルは減っているそうです。

簡素化した結納が最近の主流

結納は地域によってさまざまなやり方があるようです。そのため、両家の間で考え方に違いが生じた場合、双方が納得する形で行うことが大切です。

最近の風潮では儀式的な部分は省き、レストランや料亭で両家の顔合わせを兼ねた食事会を行ったり、その席で記念品として婚約指輪を贈るというケースが主流に。ホテルによっては結納パックとして結納品の準備や食事、写真などをパッケージ化して提供しているところもあり、その平均費用は15万円ほど。

結納を行うのであれば、式の3〜4カ月前の吉日を選び、午前中に行うのが一般的です。

婚活＆結婚
8

結婚式費用、いくらかかる？

挙式披露宴・披露パーティー総額平均

354万8000円

挙式		30万4000円
料理・飲み物		122万6000円
スナップ写真		21万8000円
ビデオ・DVD		19万6000円
ギフト		6400円
衣裳	ウェディングドレス	25万6000円
	カラードレス	23万円
	新郎衣装	16万3000円
スタジオ撮影		15万4000円
装花		16万9000円

出典：「ゼクシィ 結婚トレンド調査2017」調べ

結婚式は日頃の貯蓄がモノを言う？

「ゼクシィ結婚トレンド調査２０１７」によると、挙式披露宴・披露パーティー総額平均は３５４万８０００円で、招待客の人数は70・2人、ご祝儀総額は２３０万７０００円であることがわかりました。この数字だけをみると、「費用のほとんどは祝儀で賄える？」と思いがちですが、結婚式費用は事前の支払いが多く発生するため、手元にまとまったお金を用意しておく必要があります。

自分たちが使えるお金を把握すること

事前の出費としては、例えば会場や衣装を押さえるための予約金（いわゆる内金で相場は5万〜10万円）、また引き出物などの購入費があります。会場へは、だいたい挙式の１カ月から１週間前に全額を支払うことがほとんど。それに式当日もお礼やお心付け、遠方から来てくれたゲストの宿泊代、お車代といった支払いも出てきます。

ご祝儀や親からの援助、また職場からのお祝い金があることもありますので、入ってくると思われる金額を前もって算出し、それに自分たちの貯蓄と合わせたものが、結婚式費用の目安と考えるのがよいでしょう。

費用の分担については、両家が折半できることが望ましいですが、難しい場合は片方が負担しすぎることがないよう、互いに納得できる形に収めましょう。

婚活＆結婚
9

二次会コスト、いくらかかる？

二次会にまつわる費用など

■会場使用料の平均

28万5000円

■出席者の平均

51.1人

■会費平均

男性：6100円

女性：5400円

出典：「ゼクシィ結婚トレンド調査2017」調べ

会費で賄えるもの、賄えないものとは？

結婚式の準備と並行して行う二次会。最近では案内・出欠はオンラインで行うことが主流になっています。さて、二次会の費用ですが、会場に支払った金額をみるとおよそ28万5000円。これには料理、飲み物、会場の貸し切り代金が含まれます。

忘れてはいけないのが景品やゲームなどに使う雑費、幹事への謝礼など。これは会場費とは別に発生するものです。

飲食代を含む会場使用料は参加者の会費で賄い、景品や幹事への謝礼などは新郎新婦が負担するのが一般的。

また景品の数ですが、できるだけ多くの人に行き渡るように少額のものを多めに購入するか、または当たる人が少なくても高額なものを用意して喜んでもらえるようにするのか、どちらかを決める必要があります。

二次会準備は余裕をもって半年くらい前から行うのが理想的。まずは幹事をお願いするところから始まり、ゲストのリストアップや会場選びなどは新郎新婦が率先して行いましょう。

幹事をはじめ、手伝ってくれたスタッフへのお礼もお忘れなく。食事券や商品券を渡したり、後日新居に招いて食事会を行うなどお礼の形は人それぞれ。自分たちに代わり、二次会を盛り上げてくれた人たちには最大限の感謝の気持ちを伝えることが大切です。

婚活＆結婚 10

結婚式のご祝儀相場は？

ひとりあたりのご祝儀相場

友人 or 会社の同僚などの場合	3万円
親族の場合	5万円

年代による ご祝儀相場は？

30代女子のご祝儀相場は友人・同僚の場合は3万円、親族の場合は5万円が多いようです。割り切れる＝割れるという意味で縁起が悪いとされ偶数の金額は避けられていましたが、最近では「2」はペアを表すので2万円でもOKという風潮に。ただし、これは社会人になったばかりでお金に余裕のない若い世代の場合です。

夫婦で招待された 場合のご祝儀は？

夫婦でお呼ばれするときは、ご祝儀袋は連名になります。そのため金額は友人などの結婚式では2人で5万円、親族は7万～10万円が多いようです。

気を付けたいのは「死」を連想させる4万円はNGということ。また夫婦や個人で5万円以上包むのであれば、格の高い祝儀袋を使うようにしましょう。

お祝い用に包む紙幣は新札を使用するのがマナー。前もって銀行で新札を用意するなど事前準備をお忘れなく。

大人のマナーとして慶弔両用できる「ふくさ」を用意しておくことをオススメします。ご祝儀を無造作にバッグに入れると折れ曲がったり汚れたりすることがありますが、ふくさに包んで持参すれば、きれいなまま受付でスムーズに渡すことができます。

婚活＆結婚 11

憧れの海外挙式いくらぐらいで挙げられる？

海外挙式の平均総額

199万3000円

■出費例※

航空券＆ホテル	挙式料（会場使用料、神父・牧師手配料、介添え料など）	衣裳（新婦＆新郎）
ヘアメイク	写真やビデオ撮影	ブーケ
パーティー費用	滞在費など	

※「ゼクシィ海外ウェディング調査 2017」を参考に独自に割り出したもの

海外挙式費用の平均総額は？

ハワイやグアム、バリなどリゾートが人気の海外挙式は、コーディネートをしてくれる専門業者に任せることが一般的です。海外での挙式を選ぶ理由で最も多いのは、「憧れていたから」。その他「堅苦しい雰囲気は嫌だった」「新婚旅行も兼ねられる」といった声も。

総額だけみると国内の挙式平均費用よりも若干安いですが、これは招待客の人数によるものや、二次会などがないといった理由があります。

友達を招待する場合旅費は払うべき？

海外挙式の場合、招待客は身内と限られた友人で10人程度というケースが目立ちます。旅費に関しては、家族分は新郎新婦が全額もしくは一部負担し、友人はご祝儀をもらわない代わりに自己負担してもらうことが多いようです。この場合、帰国後に改めて返礼品を渡したり、食事会を行うカップルも。

内訳の中で最も経費がかかるのが挙式料で、平均総額の約半分といわれています。オプションとしての衣装やブーケ、写真などグレードの高いものを選べば、その分費用も上がります。

挙式やパーティーなどはせず、記念に写真だけ撮影するフォトウェディングも人気。ヘアメイクや衣装、送迎などが基本プランに含まれ、安いものであれば数万円といった手頃なものも。

婚活＆結婚 12

ゲストやスタッフへの感謝の気持ちはいかほど？

お礼、お心付けの平均総額

■お礼

受付	3000 ～ 5000 円
主賓	1 万円
遠方からのゲスト	交通費の半額 or 全額
手作りアイテム（ブーケやウェルカムボード）	3000 ～ 2 万円（＋実費）

■お心付け

司会	5000 ～ 1 万円
ヘアメイク	5000 ～ 1 万円
カメラマン	5000 ～ 1 万円
ウェディングプランナー	5000 ～ 1 万円
介添人	3000 ～ 5000 円

「お礼」を渡すマナーとは

まず「お礼」ですが、受付や余興などを担当してくれた人に渡す謝礼で、遠方から来てくれたゲストへの「お車代」も含みます。受付担当者へは受付業務が始まる前に渡し、お願いをしてわざわざ来ていただくような主賓、遠方から来るゲストは「お車代」として、受付を済ませた後に、受付担当者から渡します。遠方からのゲストの場合、事前にチケットを手配して渡すケースも。

ブーケなど手作りアイテムを作ってくれた方へはお礼のほか、実費を渡します。こちらは披露宴終了後に渡します。

「お心付け」を渡すマナーとは

「お心付け」は、司会、カメラマン、ウェディングプランナーやヘアメイク、介添人など結婚式をサポートしてくれた会場スタッフへの謝礼。ただし、会場に支払う料金の中にサービス料が含まれているため、断られるケースもありますので無理強いは禁物です。「本日はよろしくお願いします」という意味で仕事が始まる前に渡します。

お礼やお心付けは親や兄弟などの身内が新郎新婦に代わり渡すようにするとよいでしょう。ポチ袋や祝儀袋、新札は不足ないよう用意しておくことです。

婚活＆結婚
13

コストをかけない結婚式って？

コストを抑える主なポイント

撮影のみのフォトウェディング

少人数専門の式場を選ぶ

オフシーズンや仏滅などを狙う

お金をかけなくても実現可能な結婚式

結婚式を挙げたい！　でも、金銭的な事情で大々的にやるのは難しい……。そう考える方も少なくありません。しかしやり方によってはコストを大幅に抑えることも可能なのです。

例えばフォトウェディング。結婚式は行わないけど、結婚の記念を残したいというカップルに人気で、撮影はスタジオや海辺などのロケーションで行われます。一般的な結婚式費用の相場が約３００万円といわれていますが、フォトウェディングなら値段の幅はあるものの、安いものであれば数万円から、高くても数十万円程度に収まります。

また少人数で行う結婚式を専門にしている式場も多く、衣装レンタルなど込みで10万円以下というプランも。

結婚式の日取り選びでも、仏滅やオフシーズン、平日を狙えば式場によっては割引されることもあるようです。

婚活＆結婚 14

式直前、自分磨きにかける金額は？

ブライダルエステにかけた平均費用

8万5000円

■主な人気メニュー

シェービング、ネイル
フェイシャルケア、痩身　など

出典：「ゼクシィ結婚トレンド調査2017」調べ

ブライダルエステ、人気のメニューは？

ウェディングドレスで身を包むならば、美しさにより磨きをかけて当日に臨みたいもの。その事前準備のひとつとして、ブライダルエステがあります。痩身やフェイシャルなどをセットにして、パッケージで提供しているエステも多く、挙式を控えた女性だけでなく男性を対象にしたメニューを取り揃えているところも。

実はブライダルエステで人気が高いのはシェービング。ウェディングドレスは肌を見せるデザインが多いため、顔や手脚だけでなく、背中やうなじといった自分では手が届かない部分の産毛をシェービングするものです。永久脱毛ではないので、施術するタイミングは挙式の3～7日前がよいとされています。

またダイエットやフェイシャルなど全身をくまなく仕上げたい方は、エステのブライダルパッケージを利用する方も。結婚式当日の3カ月前から始める方が多いようです。

普段はエステにはいかないという方も、結婚式のために初めて通ったというケースが少なくないようです。

城
主

2 章

住居
Residence

ライフスタイルによって住まいは変わるもの。
だからこそ住宅ローンの組み方や
自治体の支援制度など
お得な情報を知ることで、
住まい選びの選択肢はより広がります。
知っておきたい
住まい選びの常識を身に付けましょう。

住居
15

30代シングル女子の持ち家率ってどれぐらい？

30代おひとりさま女子の持ち家比率は？

持ち家に居住する
30代女性単身世帯の割合

10.4%

このうち
7割以上が
マンション

出典：総務省統計局「住宅・土地統計調査」を元に算出

同年代女子が
こんなに
マイホーム
持っている
なんて！

30代女子の持ち家比率は？

30代女性のおひとりさまで持ち家に住んでいる人は、約10人にひとり。友達や会社の先輩など、あなたの周りにも独身女性でマイホームを購入した人がいるかも、というくらいの割合です。これが40代後半になるとグンと増え、特に持ち家のマンションなど共同住宅に住む割合は約5人にひとりとなります。

独身女子なら断然マンション？

30代シングル女性の持ち家は、7割以上がマンションです。

マンションは、管理費や修繕積立金、駐車場代などがかかるため、一戸建てよりコスト面で不利といわれています。しかし、比較的利便性の高い場所に建てられ、一人暮らし向きのコンパクトサイズの分譲マンションも多くあります。23区内でも、広さ40㎡くらいの中古マンションであれば、1000万円台からありますし、場合によっては、現在支払っている家賃より安い月々のローン返済で、住むことも可能です。

また、将来結婚などで生活スタイルが変われば売却や賃貸に出すこともあるかもしれません。

将来的に売却を考えるのであれば、通勤に便利な駅近で、スーパーやコンビニもすぐ近く、病院や文化施設といった利便性の高い土地のマンションを選ぶことが重要です。

住居 16

どっちがお得？ 新築マンションVS中古マンション

マンション購入者の平均購入資金と延べ床面積

新築	4423万円	77.2㎡
中古	2656万円	72.0㎡

出典：国土交通省「平成28年度　住宅市場動向調査報告書」

■新築VS中古　お金の比較

	新築	中古
物件価格	比較的高い	比較的安い
消費税	課税対象	多くの場合非課税
税金や登録料など諸費用	安い（物件価格の3～5％）	高い（物件価格の5～8％）
管理費・修繕積立金	比較的安い	比較的高い
固定資産税の軽減	あり（期間5年）	なし

価格差が大きい？新築と中古

予算の都合で新築と中古の両方を検討する人は少なくないと思います。

実際にマンションを購入した人の平均資金を比較すると、広さはさほど変わらないのに、新築マンションの場合は4000万円台なのに対し、中古マンションは2000万円台と、大きな差があります。

同じ立地条件で同じ広さなら、販売価格は新築より中古のほうが大概安くなります。また中古の場合、広告宣伝費などが上乗せされていないというお得感も。ただし、築年数が古いとリフォームが必要になることもあります。

新築と中古かかるお金の違い

物件価格とは別に支払うことになる税金や登録料などの諸費用は、一般的に新築は物件価格の3〜5％、中古は物件価格の5〜8％といわれ、仲介手数料などがかかる関係で中古のほうが金額は大きくなります。

住宅ローンの返済以外に継続的にかかる修繕積立金は、新築マンションでは安く設定されていることが多いです。とはいえ物件価格自体が高ければローンの返済額に直結します。

購入する時は、割安であればあるほど魅力的に映るかもしれませんが、将来売りに出すことになった場合、その分売却額が低くなる可能性もあります。

住居 17

30代で一軒家って買えるもの？

一軒家購入者の30代の割合は？

新築 53.0％

中古 38.5％

出典：国土交通省「平成28年度　住宅市場動向調査報告書」

新築一軒家購入者30代が多い理由

国土交通省の住宅市場動向調査によると、新築一軒家を購入した人の半数以上が30代です。そんなに多いの!?　と思うかもしれません。しかしこれは全国平均の話。そもそも持ち家比率は都道府県によってかなりの差があります。地価が高い大都市圏ではマンションも含め持ち家の人は少なく、東京はワースト1という結果です。したがって首都圏の場合、30代で一軒家のマイホームを持っている人は、もっと少ないはずです。

一軒家で住むならどんな場所？

マンションに比べて一軒家は独身で購入する人は少ない傾向にあります。特に注文住宅であれば、家族構成に合わせて間取りを考えていくため、子どもの数や両親との同居など、家族構成が固まったタイミングでの購入が多いようです。

一軒家を選ぶ際、重視したいのは土地価格ですが、それ以上に気になるのが周辺環境です。学校や病院は近くにあるのか、また、地域コミュニティやご近所づきあいを考えると、どんな人が住んでいるのかも気になるところです。

地域に根づく覚悟で、終《つい》のすみかとして購入したつもりでも、転勤や親の介護で実家に同居など、住み替える可能性がゼロではないことも忘れずに。

住居 18

どっちを選ぶ？新築一軒家VS中古一軒家

一軒家購入者の

平均購入資金と延べ床面積

新築 3810万円 125.2㎡

中古 2693万円 136.9㎡

■中古住宅にしなかった理由（分譲戸建住宅取得世帯）

1位 新築のほうが気持ち良いから

2位 リフォーム費用などで割高になる

3位 隠れた不具合が心配だった

⋮

■中古住宅にした理由（分譲戸建住宅取得世帯）

1位 予算的にみて中古住宅が手頃だったから

2位 新築住宅にこだわらなかった

3位 リフォームで快適に住める

⋮

出典：国土交通省「平成28年度　住宅市場動向調査報告書」

値段は高くても やっぱり新築？

一軒家を買うなら新築か中古か？平均購入資金を比較すると1000万円以上の差があり、やはり新築のほうが断然高額であることがわかります。

それでも、日本では中古よりも新築一軒家のほうが圧倒的に売れています。ちなみに国土交通省の調べによると、全住宅流通量に占める中古住宅の流通シェアは約14・7％（2013年）。欧米諸国と比べると6分の1程度という低さだそうです。

確かに、誰かが使っていた形跡のある中古住宅より、誰にも使われていないピカピカの新築の家は気持ちが良く、「マイホームを持った」という満足感もひとしおかもしれません。国土交通省の調査でも、新築を購入した人が中古を選ばなかった理由の1位は、「新築のほうが気持ち良いから」でした。

一方、中古の一軒家を選んだ理由は、「予算的にみて手頃だったから」がダントツ1位でした。

お得で安心安全な中古住宅もある

最新の設備や部材で完成した新築一軒家より、中古は維持費用がかかるリスクがあり、保証期間にも差があります。

しかし、中古でもしっかりした物件は数多くありますし、専門家に住宅診断を依頼すればその状態を確認できます。また最近は、住宅購入費用とリフォーム工事費用をまとめて借りることができる、中古購入者向けの住宅ローンも登場しています。

新築信仰の一方で、中古となった住宅が売れずに、その多くが空き家となっているという問題も。深刻化する空き家問題に対応するため、政府も中古住宅市場の活性化を支援するなど対策を進めています。

住居
19

家を買うとき、お金はいくら借りられるの？

住宅ローンで借りられる金額は？

年収の5〜6倍まで

■住宅購入の基本的な流れ

資金計画を立てる
↓
物件選び
↓
購入申込み・ローン事前審査
↓
売買契約・ローン本審査
↓
融資実行・決済、引渡し

ローンの金額は年収の5～6倍が目安

「私のお城が欲しい！」と考えたとき、まず気になるのが、いくらぐらいの家なら買えるのかということ。部屋が広くて、見晴らしも良くて、駅近の便利な場所で理想のマンションを見つけたとしても、予算オーバーでは元も子もありません。

家の購入資金は、自己資金プラス住宅ローンで、30年、35年と、長期にわたり返済していくのが一般的。大まかな目安として、住宅ローンで借りられる額は、年収の５～６倍までといわれています。例えば、年収４００万円の人なら、２０００万～２４００万円までは借りられるということになります。

ローンの申込みは一度に複数！

自分にピッタリの物件が見つかったら、購入申込みを行います。そして速やかに、住宅ローンの事前審査の申込みも行いますが、このとき、複数の金融機関に申し込むことをおすすめします。

住宅ローンは、審査に１～２カ月かかることが普通です。ひとつの金融機関の審査を待って、通らなかったら次の金融機関に申し込むという方法だと、４カ月以上かかってしまい、融資が間に合わず契約できないということも起こりかねません。

複数の審査に通ったらその中から決めれば良いのです。契約しない限り融資は成立しません。

住居 20

住宅ローンについて知りたい！

住宅ローンの種類

公的ローン	自治体融資・財形融資
民間ローン	銀行・信用金庫・生命保険会社・ノンバンクなど
コラボ型ローン	フラット 35

■銀行等の民間ローン利用率

69.2%

※新築住宅購入者

出典：一般社団法人　不動産流通経営協会
「不動産流通業に関する消費動向調査（2016 年度）」

ローンにも
いろんな種類が
あるんだ
知らないと
ソンするわ

利用者が多いのは民間ローン

住宅ローンの種類には大きく分けて、公的ローン、民間ローン、公と民のコラボ型の3つの種類があります。

公的ローンは、その名の通り公的機関が行う融資で、財形貯蓄をしているサラリーマンを対象とした財形融資と、都道府県、市区町村などの地方自治体が行う自治体融資があります。

民間ローンは、銀行などの金融機関や生命保険会社、ノンバンクなどの民間機関が行う融資です。住宅金融公庫の廃止以降、民間の金融機関等は住宅ローン商品に力を注いでおり、さまざまな特色をもったローン商品が登場しています。

また、ネット銀行でも住宅ローン商品を扱っており、店舗を持つ銀行より低金利で手数料も安い場合が多いことから、利用する人が増えています。

コラボ型のフラット35とは？

フラット35は、住宅金融支援機構と民間の金融機関が提携する住宅ローンで、最長で35年間、借入時の金利が最終返済まで変わらない全期間固定金利であることが最大の特徴です。多くの銀行が取り扱っており、金利は銀行ごとに異なります。

ただし、マンションなら広さ30㎡以上、耐久性、耐震性など住宅金融支援機構独自の基準を満たす建物であることが必要などの条件があります。

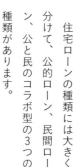

住居
21

自分に合った住宅ローンって？

住宅ローンの主な金利タイプは３種類

完全固定金利型 借入れから完済まで金利が変わらない

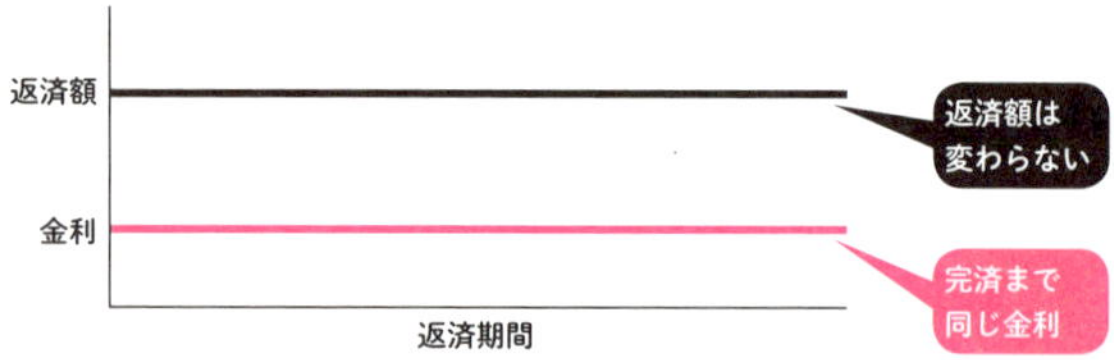

変動金利型 金融情勢の変化に伴い定期的に金利が変動する

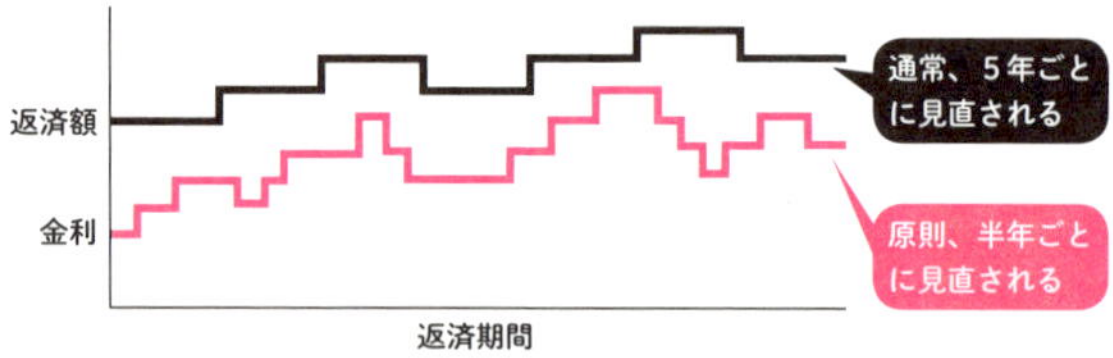

固定期間選択型 当初３年間〇％など一定期間金利が固定できる

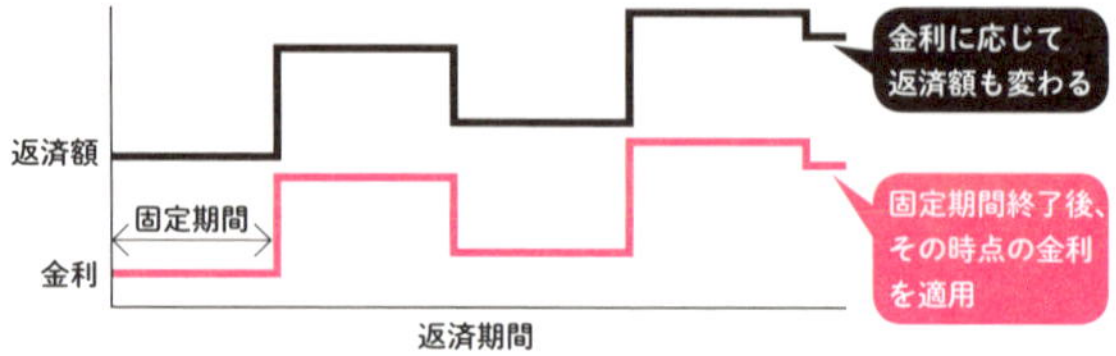

金利のタイプは主に3種類

住宅ローンは、完済までの金利が一定の「完全固定金利型」と、見直しの時期によって金利が変わる「変動金利型」、そして、3年、5年などといった一定期間だけ金利が固定される「固定期間選択型」の3種類に分けることができます。

なお、財形融資は、5年固定金利型のみ、フラット35は、完全固定金利型のみとなっています。

固定と変動どちらがお得？

固定金利型は返済の総額が確定できるため、長期にわたるライフプランが立てやすく、低金利時に借りれば、その後、高金利時代がやってきても低金利のままというメリットがありますが、一般的に変動金利型より金利が高めに設定されています。変動金利型は、見直し時期に金利が上がると返済額が増えることや借入れ時に将来の返済額が確定できず不安感があるといったデメリットがありますが、固定金利型より低金利に設定されています。

借入額が少なく15年程度の短期間で返済するなら変動型、できるだけリスクを回避して長期間借り入れるなら固定型が向いているといわれていますが、実際には、低金利の魅力もあり、変動型を選ぶ人が多いようです。

住居
22

頭金ゼロでも家は買えるの？

はじめて中古マンションを購入した人の自己資金比率

41.5%

出典：国土交通省「平成 28 年度住宅市場動向調査」

例えば……

購入資金約 2500 万円に対して
約 1000 万円は自己資金

頭金はどれくらい必要なのか？

マイホームを購入する時に必要とされる頭金。実際に購入した人は、新築住宅に比べ、中古住宅を購入する人のほうが自己資金の割合が多く、中古マンションの場合は41・5％、約2500万円のマンションを購入するのに1000万円以上の自己資金を用意しているというのが平均です。

頭金ゼロでも家は買える？

最近「頭金ゼロで購入可能」という宣伝をよく見かけます。住宅金融支援機構と民間の金融機関が共同で提供するローンであるフラット35は、2017年8月現在、100％の融資が可能な商品です。しかし、90％を超えると金利が高くなり、税金や手数料、保険料といった諸費用は含まれていません。

そんな中、ネット銀行などでは、90％までフラット35を利用し、残りの10％は自行のローンで借りることで、抑えた金利で100％融資できるというタイプの商品が登場し、さらに諸費用についても別途ローンを提供し、中には、引っ越し費用まで貸してくれるネット銀行もあります。

ただし、借りる分が多くなれば、それだけ返済負担が大きくなります。

頭金があれば低い金利が適用され、結果、返済総額が抑えられるというのが一般的です。

住居 23

住宅ローン以外でかかるお金とは？

ローン返済以外にかかる主な費用

固定資産税

固定資産税＝
固定資産税評価額
×1.4％（標準税率）

都市計画税

都市計画税＝
固定資産税評価
× 0.3％（制限税率上限）
※税率は市町村ごとに異なる

管理費・修繕積立金

リフォーム、メンテナンス費用

火災保険料

固定資産税と都市計画税

マイホームを買った後には、月々のローン返済だけではなく、さまざまなランニングコストがかかります。まず思い浮かぶのが、固定資産税と都市計画税。

固定資産税は、住宅を所有している場合にかかる税金で、都市計画税は、市街化区域の住宅に対してかかる税金です。ですので、もし市街化区域以外の場所に住宅を購入したのであれば、固定資産税のみでよいことになります。

なお、固定資産税・都市計画税には、一定の要件を満たすことによる減免、減額や非課税、特例制度などの軽減制度があります。

管理費と修繕積立金

一軒家にはなく、マンション特有の費用としてかかるのが、管理費と修繕積立金です。管理費は、共用部分の清掃や設備の管理、その業務を行う管理会社の報酬などに充てられる費用で、修繕積立金は、今後のマンションの大規模修繕に備え、毎月積み立てる費用です。

また、室内の壁紙やフローリング、水まわりなど専用部分の維持管理は自費で行わなければならないため、メンテナンス費用も必要となってきます。

住居
24

ローンの負担を軽くできる制度があるって本当？

住宅購入に関する国の支援制度

住宅ローン減税

10年間で最大400万円の控除

※2021年12月入居分まで

概要　住宅をローン購入した際に、最初の10年間においてローン残債の１％が控除される

すまい給付金

最大30万円が支給される

※消費税10％時に購入した場合は最大50万円

概要　消費税増税に伴い、住宅ローン購入に伴う負担が緩和される（2021年12月までの間）

税制面で優遇 住宅ローン減税

住宅ローン減税は、年末のローン残高の１％が、その年の所得税から10年間控除される制度です。

例えば年末に３０００万円の住宅ローン残高があれば、30万円分が控除されるというしくみで、10年間の合計で、最大４００万円まで控除されます。

ただし、適用条件があり、新築の場合は、「控除を受ける年の所得金額が３０００万円以下」「床面積が50㎡以上」「10年以上のローン返済期間があること」などで、中古の場合には、さらに「一定の耐震基準をクリアしていること」などが条件として加わります。

住宅ローン減税による控除を受けるためには、確定申告が必要となります。

お金がもらえる すまい給付金

すまい給付金は、消費税率引上げによる住宅取得者の負担を緩和するために創設された制度で、最大30万円が、控除ではなく現金で給付されます。

支払っている所得税などから控除される住宅ローン減税が、収入が低いほど効果が小さいのに対し、すまい給付金は、収入が低いほど給付金の額が多くなるしくみです。

建物の広さや品質、ローンの期間などの適用条件があり、給付を受けるためには、国土交通省の事務局への申請が必要です。

住居 25

知らないと損!? 自治体の支援制度

多種多様な自治体の住宅購入に関する支援制度の一例

親元近居型

親子二世代あるいは三世代で暮らす家や親の近所に家を建築する場合、一定額の助成などを受けられる。
例：東京都千代田区、千葉県市川市など

新婚夫婦型

新婚生活をスタートするための費用を助成。引越し費用も経費の対象になる場合も。また住宅購入だけでなく賃貸の場合も助成される自治体も。
例：大阪府枚方市、神奈川県秦野市など

貸付制度型

勤労者が住宅を購入する場合に借り入れた資金の利子の一部を自治体が補助する「勤労者住宅資金利子補給制度」や低金利で住宅資金の貸付を行う「勤労者住宅資金貸付制度」など。
例：埼玉県さいたま市、愛知県一宮市など

地域活性型

地元で生産・加工された木材を一定量使用した木造住宅を建築する人に対し、費用の一部を助成または融資の優遇などが受けられる。
例：兵庫県、埼玉県、東京都など

使わなきゃ損！自治体の支援制度

大きな買い物となる住宅の購入だけに、少しでも経済的負担は減らしたいもの。その際、国の支援制度とともに積極的に活用したいのが自治体による支援制度です。

地域振興や定住促進のために住宅に関する支援を実施している自治体は地方のみならず大都市圏でも数多くあり、住宅ローンの金利軽減や多世帯住宅建設への助成などは、比較的多くの自治体で実施しているようです。

マンション購入で「補助金が貰える」支援はさほど多くない中、千葉県木更津市には、市が指定するJR木更津駅周辺のマンションを購入すると最大50万円が貰える「木更津市街なか居住マンション取得助成」があります。

地域ならではの支援制度も

自治体の住宅支援制度には、資源の活用と環境保全を目的に地元産木材で建築した住宅に補助を与えるといった制度もあります。愛知県高浜市では、歴史的地域産業である三州瓦を屋根に使うと補助が出るといった地域産業の活性化を目的とした制度を実施しています。

結婚や親と同居などを機に新居を構える人にとって嬉しい制度のある自治体もあるので、各自治体のホームページなどで確認してみるとよいでしょう。

住居
26

リフォームに必要な資金は？

リフォームにかけた平均資金

227万円

出典：国土交通省「平成28年度　住宅市場動向調査」

■国の主なリフォーム支援制度

「長期優良リフォーム補助制度」>> 最大200万円

住宅の劣化対策や耐震性向上、省エネ化などにより、既存住宅の長寿命化を図る「長期優良住宅化」に対し補助金を交付。

「介護保険制度によるバリアフリー化のリフォーム補助制度」>> 最大18万円

高齢者介護に対する公的保険制度で、「要支援」または「要介護1～5」と認定された人が住む住宅のバリアフリー化のリフォーム費用の20万円までについて、その9割を補助。

■自治体の主なリフォーム補助・助成内容

・二世帯・三世帯住宅にリフォームする場合の助成

増築工事やキッチンやトイレ、浴室などの修繕、部屋の間仕切りの変更など。

・エコに関するリフォームの補助・助成

太陽光発電設置や新エネルギー・省エネルギー機器導入に対する助成など。

・子どもや高齢者の安全安心のためのリフォームへの助成

バリアフリー、手すりの設置、滑りづらい床材への変更、洋式便器へ取替えなど。

■リフォーム減税

耐震・バリアフリー・省エネ・多世帯同居改修などのリフォームで、一定の条件を満たせば所得税の減税や、固定資産税の減税措置などが適用される。確定申告での手続きが必要。

リフォーム費用もあなどれない

リフォームにかかった費用は、平均227万円。これはあくまでも平均で、10万〜20万円程度のクロスの張替えもあれば、何百万円もかかる間取りの変更やキッチン、トイレの設備交換などもあり、工事内容によってかなり幅があるのが実情です。

大事に住んでいても10年20年経てば、ガタがきたり汚れが目立ってきたりするものです。出費に備え、早いうちからリフォーム資金を積み立てておくことをおすすめします。

リフォームにも支援制度がある

家を購入するときだけでなく、リフォームについても国や自治体の支援制度があります。

自治体の支援には子育て、二世帯同居、高齢者対応などライフステージごとの課題に則したリフォームに対する助成制度が多く、例えば、東京都台東区の「子育て世帯住宅リフォーム支援制度」は、出産予定あるいは小学生以下の子をもつ世帯に対し、手すりの取付けや段差の解消、進入防止フェンスの設置、柱や作り付け家具の面取り加工など、子どもの安全を考えた住空間にするためのリフォーム費用の一部を助成してくれます。

居住人数や期限に決まりがあるものも多いので、住宅購入支援同様、自治体のホームページなどで、こまめに確認するようにしましょう。

住居
27

賃貸のメリットについて知りたい!

賃貸がお得な3つの理由

1
住宅ローン負担がない

2
収入の変化に柔軟に対応できる

3
住み替えが楽

■お得な公的賃貸住宅の一例

公社賃貸住宅

地方住宅供給公社が建設し賃貸する住宅。入居するための要件は、現在住宅に困っているなど。

公営住宅
(都道府県営住宅・市町村営住宅)

地方公共団体が低廉な家賃で賃貸する住宅。入居するための要件は、住宅に困窮している世帯でかつ低所得者など。

特定優良賃貸住宅

中堅所得者世帯に対して優良な賃貸住宅を供給するため、地方公共団体が建設費や家賃の一部について支援を行っている民間賃貸住宅。ファミリー向け。

UR 賃貸住宅

都市再生機構が賃貸する住宅。同居家族などの条件のほかに申込者の所得の下限が定まっている。

大都市圏は賃貸派が多数

自分のお城は欲しいけれど、今は家を買うなんて無理だから賃貸暮らし……という人がいる一方で、あえての賃貸派も少なくありません。

賃貸のメリットはいろいろとあります。例えば、通勤時間ひとつ取ってみても、持ち家の人より賃貸の人のほうが短いという結果が国土交通省の調査で出ています。また勤務地が変更したり、収入がダウンしてしまった場合などの環境の変化にも、賃貸であれば柔軟に対応できたりします。毎月の家賃の支払いはあるものの、長期にわたる住宅ローン返済に縛られることはなく、身軽でいられます。夢を実現するための転職や海外留学など、思い切った決断にも踏み切れそうです。

賃貸にもあるお得な制度

毎月の家賃を抑えたい人は公的な賃貸物件を探してみるのもよいでしょう。

UR賃貸住宅は、基本的には礼金や仲介手数料などがないため、初期費用を抑えることができます。

また、3年、5年など一定期間の家賃を補助してくれる自治体もあります。収入制限など条件を満たしていなければ申し込めなかったり、抽選倍率が高いといったこともありますが、検討してみるのもひとつの手です。

住居
28
賃貸よりもお得？シェアハウス生活

シェアハウスの利用実態

1カ月あたりの費用
（家賃＋共益費）

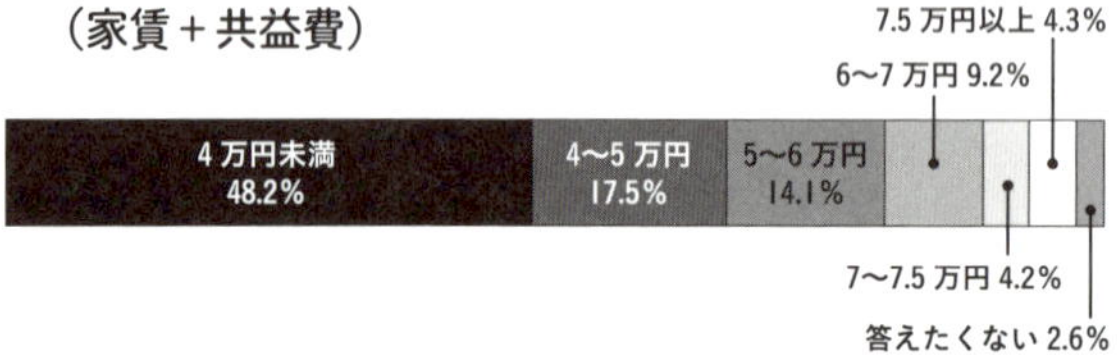

所在地

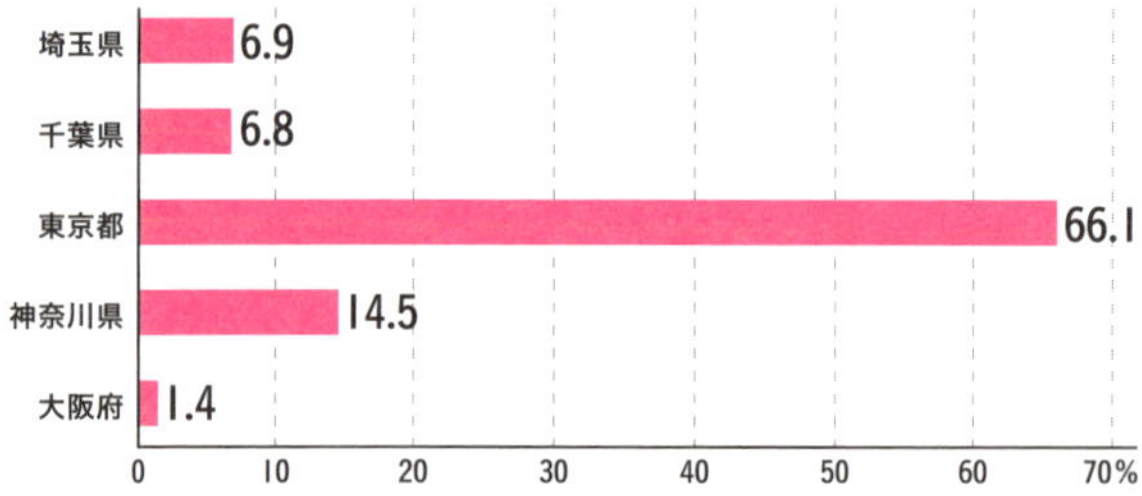

選んだ理由（複数回答）

1位 家賃が安いから 64.3%

2位 立地がよいから 62.8%

3位 初期費用が安いから 41.1%

4位 勤務地に近いから 33.3%

出典：国土交通省「平成25年シェアハウス等における契約実態等に関する調査」

シェアハウスを選ぶ理由は？

家賃と共益費合わせて1カ月4万円未満、それでいて大都会・東京に圧倒的に多いシェアハウス。実際、入居者がシェアハウス暮らしを選んだ動機も、家賃など費用の安さや立地がよいことが大きく、居住者同士のコミュニケーションや集まって暮らすことの安心感といった動機を上回っています。

　また、入居者の年齢は25〜30歳、入居期間は1〜2年が最も多いという調査結果も出ており、住まいを選択する過程の中で一時的にシェアハウスを選んでいる人が多いことがうかがえます。

ファミリー向けのシェアハウスも

シェアハウス物件は年々増加しており、選択肢の幅も広がっています。女性専用やペット可、カップルやファミリー、シングルマザー向け、多国籍シェアハウスなど、さまざまなコンセプトを打ち出した物件が登場しています。

　シアタールームや大浴場、ヨガスタジオ付きなど、魅力的な共有スペースがあったり、バーベキュー大会など居住者が集うイベントが充実していたり。共同生活が苦手でなければシェアハウスという住まいの選択もアリかもしれません。

住居 29

田舎暮らしやってみる？

田舎暮らししたい人必見！自治体によってはこんな支援制度も

一例をあげてみると…

土地と住宅が譲渡されるケース
一定期間定住すれば土地と住宅を無償で譲渡
（例：宮城県七ヶ宿町、岡山県鏡野町など）

住宅購入者に奨励金が交付されるケース
若者・子育て世代であれば住宅購入支援としてお金がもらえる
（例：北海道室蘭市、福岡県嘉麻市など）

家賃補助が一定期間支払われるというケース
ひとり暮らしの転入者の家賃の一部を数年間助成
（例：福井県大野市、香川県さぬき市など）

■移住希望地域ランキング

1位 山梨県　2位 長野県　3位 静岡県

出典：NPO法人 ふるさと回帰支援センター「2016年移住希望地域ランキング」

かなり手厚い？ 自治体の移住支援

都会の喧騒から離れ、自然豊かな場所で穏やかに暮らしたい人もいるはず。一方、過疎化が進む地方では、田舎暮らしを考えている移住者を獲得すべく、さまざまな支援制度を打ち出しています。

例えば宮城県の南西部に位置する七ヶ宿町では、40歳までの夫婦で中学生以下の子どもがいる家族を対象に、新築一戸建て住宅を月3万円で貸し、20年後には家と土地を無償で譲渡するという制度があります。

とはいえ実際、田舎で暮らすとなれば家の問題だけでなく、仕事はあるの？　保育園や子どものの医療施設はどうなの？　と、心配なことがいろいろ出てくるもの。移住支援を行っている自治体の多くは、住まい以外にも就労や子育て、婚活、農業指導など多岐にわたる支援を行っています。こうした支援制度の充実度合いも暮らしやすさの目安のひとつといえそうです。

人気なのは近場の 田舎暮らし？

NPO法人ふるさと回帰支援センターが実施したアンケートによると、移住したい地方の傾向として東京から近い「近場の田舎」が人気のようです。1位の山梨県は、東京の隣の県で、世界遺産・富士山をはじめ雄大な自然に囲まれた環境。移住支援にも力を入れているようです。

ママ、がんばる!!

3 章

妊娠＆出産

Pregnancy & Birth

出産費用は決して安くはなく、
お金が出ていくばかりで不安になりがち。
しかし、不妊治療を含め、
制度を利用すれば支出も抑えられ、
お金をもらうこともできるのです。
こうした情報は事前に知っておくことが大切です。

妊娠＆出産 30

不妊治療の予備知識

主な不妊治療

人工授精

精子を子宮内に注入する方法

タイミング法

排卵に合わせ性交する方法

顕微授精

顕微操作で体外受精させる方法

体外受精

体外で受精させた受精卵を子宮内に戻す方法

不妊治療は
お金もかかるし
体に負担もかかる
深刻な問題だわ

不妊に悩むカップル、どれくらいいる？

日本産科婦人科学会によると、「1年間、避妊をせず性交をしても妊娠しない場合」を不妊と定義しています。以前は2年と定義されていたのですが、1年に短縮されたのは晩婚化の影響。若い年齢であればあるほど妊娠のチャンスは大きいので、早めの妊活に取り組んでもらおうとその期間を短縮したようです。

不妊に悩むカップルは年々増加しており、国立社会保障・人口問題研究所「出生動向基本調査」（2015年）の調べでは、その数は6組に1組といわれ、何らかの不妊治療を受けている人は約50万人はいるという結果が出ています。

不妊治療はどんな種類がある？

一般的に不妊治療はタイミング法からスタートさせ、半年を過ぎても妊娠できなければ人工授精→体外受精といった形で段階的に進められます。

海外では不妊治療は保険が適応される国も多いですが、日本の場合は、※公的保険の対象外。ただし、厚生労働省では高額な医療費がかかる体外受精・顕微授精の費用を一部助成する制度（特定不妊治療）を設けています。また自治体によっても一部費用を負担する制度があり、それらを組み合わせることも可能です。

※卵管や精巣の異常を治療する場合やタイミング法に公的保険が適用される

妊娠＆出産

31

不妊治療とお金のことを教えて

不妊治療にかかる費用

タイミング法

約 5000～1 万円

人工授精

約 1万～3 万円

体外受精、顕微授精

約 30 万～50 万円

※各１回あたりの治療費平均

※金額は病院によって異なります

不妊治療を何年も続けるのは大変 もしもの時のために貯蓄しておかないと

不妊治療の平均費用は？

不妊治療を行っていても妊娠が難しい場合は、段階的に治療法を変えていくため、治療費も高額になりやすいものです。

不妊治療の期間ですが、長くかける方で4、5年というケースも。費用に関しても大きく差があり、期間が長くなるほど数百万円など高額になる傾向にあります。

不妊症の治療や検査などにかかったお金が年間10万円以上を超えた場合、保険適用の有無に関係なく、医療費控除の対象になります。

不妊治療をするなら助成制度を活用

厚生労働省では、不妊治療の経済的負担の軽減を図るため、高額な医療費がかかる体外受精・顕微授精に必要な費用の一部を助成する制度を設けています。これは1回の治療につき15万円まで助成されるもので（初回は30万円）、回数は6回まで。ただし、所得や女性の年齢に制限などはあります。国とは別に自治体独自の助成制度もあり、国と自治体の助成をあわせて受けることも可能です。

高額な不妊治療に対し、最近では特定不妊治療に備えた商品を発売する民間の保険会社も出てきました。

妊娠＆出産 32

妊娠したときにかかるお金って？

初診費用の平均

5000～2万円

・原則、妊娠に関わる医療費には保険が適用されない

・初診料、検査など料金設定は病院によって異なる

・費用に不安があれば産婦人科に問い合わせを

妊娠を心から
喜ぶためにも
お金は重要！
しっかり貯めて
おかなきゃ

妊娠・出産には保険がきかない!?

妊娠・出産は病気ではないため、基本的には健康保険が使えません。しかし子宮外妊娠や他の病気が発見された場合には保険が適用されるので、初診の際は必ず保険証を持参しましょう。

妊娠の可能性があり、産婦人科に初診でかかる場合、病院によって料金設定に違いはありますが、その平均費用は5000～2万円ほど。

初診時の検査内容も病院によって違ってはきますが、エコーや尿検査だけでなく、血液やがんなどの検査項目が増えると金額も高くなります。

早めに母子手帳を受け取ろう

診断で妊娠が確定したら、次は母子手帳を受け取ります。

住民票のある市区町村の役所に妊娠届を提出すると、母子手帳が交付されます。この時、一緒にもらえるのが新生児連絡票、母親学級・両親学級の案内、そして妊婦健康診査受診票です。これは妊娠中、実費で支払う検診費用の一部を補助してくれる制度のこと。

自治体によって補助内容や金額にバラつきはありますが、検査項目が示された受診券が交付される受診券方式と、補助額のみ記載された受診券が交付される補助券方式の2パターンあります。

妊娠＆出産 33

妊婦健診、保険がきく？ きかない？

妊婦健診の費用

全額自己負担が基本

1回あたり

約6000円×14回

※厚生労働省では妊婦健診の標準的な回数を14回と明示。あくまでも標準なので、母子の健康状態によって頻度は変わってくる
※費用は「妊婦健康診査の公費負担の状況に係る調査結果について（平成28年）」厚生労働省より算出

妊婦健診は保険診療の対象外

厚生労働省によると、妊婦健診の標準的な回数は14回。受診の間隔は妊娠週数によって変わり、妊娠初期は4週間に1回、妊娠中期は2週間に1回、妊娠後期に入ると1週間に1回となっています。

妊婦健診は保険適用外で全額自己負担が基本。毎回の検査では妊娠週数に応じた問診・診察、血圧や腹囲などの検査計測、保健指導があります。また必要に応じて血液検査などが加わる場合、検査費用はさらに高くなります。

ただし、母子手帳が交付されると同時にもらえる妊婦健康診査受診票、いわゆる補助券があれば妊婦健診の費用が助成されます。自治体によって補助券の金額や補助内容は異なりますが、使用すれば全額負担ではなくなります。

妊婦健診にかかった費用（通院のための交通費や薬代も含む）は医療費控除の対象になりますので、領収書は必ず保管しておきましょう。

妊娠&出産 34

出産費用が足りなくても大丈夫？

出産費融資制度とは

- 出産費を無利息で借りられる制度
- 申請先は各健康保険
- 貸付限度額は出産一時金の8割

出産間近で家計がピンチ！

出産費融資制度とは、出産までの間に医療機関に一時的な支払いが生じたとき、無利息でお金を借りられる制度です。

これは各健康保険が貸付を行っているもので、対象者は出産予定日まで1カ月以内の方、妊娠4カ月以上の方で、病院・産院等に一時的な支払いを要する方、保険料を滞納していない方で、融資限度額は自治体や組合によって異なります。

返済は出産育児一時金から支払われ、融資額との差額は利用者本人に振り込まれます。

出産育児一時金は加入している健康保険から支給されるもの。死産・流産のケースでも妊娠4カ月（85日以上）であれば、出産育児一時金が支給されます。

妊娠＆出産 35

実際、出産費用はいくらかかるの？

出産費用は約50万円

出産費用は病院や分娩方法などによって異なりますが、その平均は50万円ほど。

基本的には妊娠・出産は健康保険適用外となるため正常分娩は全額自己負担ですが、帝王切開だった場合は一部健康保険が適用されます。

健康保険に加入している人は出産育児一時金として42万円が給付されるので、実質的な負担は数万円程度になることが多いようです。

この給付金ですが、健康保険から病院に支払われる制度（直接支払制度・受取代理制度）がベースになっています。出産費用が給付金よりも安ければその差額をもらうことができますが、オーバーしてしまった場合、その分は持ち出しに。

そのため、自分である程度の出産費用を用意していないと、いざ支払いの時に足りなかった！　というケースもあるのでご注意を。

出産育児一時金で賄えなかった医療費の自己負担分は医療費控除の対象となります。

正常分娩の平均的な出産費用

50万5759円／入院6日間

■主な内訳

入院料…11万2726円
分娩料…25万4180円
新生児管理保育料…5万621円　など

出典：公益社団法人 国民健康保険中央会「出産費用 平成28年度」

妊娠＆出産
36

出産祝い金は関係性によって違う？

出産祝いの平均相場

兄弟姉妹	1万～3万円
親友	5000～1万円
友人・知人	5000～1万円
同僚・会社関係	3000～5000円

※双子の場合は上記の値段と同等か1.5倍程度

出産祝いは関係性で違うもの？

自分の身内や友達、同僚など身近な人に贈る出産祝い。初めて贈る場合、一体何をどれくらいの金額で渡せばいいのか迷ってしまうもの。その平均相場は、関係性によって変わってきます。

出産祝いは「おめでとう」という気持ちが一番大切ですが、あまりにも高額だと相手にとって負担を感じさせてしまいかねません。また出産祝いに贈るのは現金や商品券、カタログ、品物など人それぞれ。現金や商品券の場合は、水引は紅白の蝶結びをあしらった祝儀袋に入れて渡すのがマナーです。

友人や同僚などへは有志を募り、ひとり数千円程度の予算でまとめて出産祝い品を贈るケースも多いようです。また双子の場合はひとりと同等か1・5倍程度など、少し多めの金額で考えるとよいでしょう。

妊娠＆出産
37

出産でもらえるお金の申請は忘れずに！

こんな制度があったんだ！知らないと生活に差がつくわね

こんなにある！出産にまつわるお得な制度

出産育児一時金
子どもひとりにつき
42万円

妊婦健診費用助成
受診票14回分

育児休業給付金
月給の67％
※育児休業開始から6カ月まで、それ以降は50％

出産手当金
月給の約2／3

絶対に知っておきたい出産給付金

出産は健康保険が適用されず、何かと出費がかさむと不安になりますが、実は国や自治体から給付金がもらえるのです。ただし、それらは自分で申請しないといけません。お得な制度ですので、ぜひ活用しましょう。

「妊婦健診費用助成」は妊娠中の診察料の負担を減らすもの。自治体によって内容は違いますが、受診票が交付されるケースが多いです。

「出産育児一時金」は出産後、健康保険からもらえるお金で子どもひとりにつき42万円、双子の場合は84万円が支給されます。死産や流産の場合でも、妊娠4カ月以上であれば、支給されます。

会社員の方で健康保険に1年以上加入しているのであれば産休中、「出産手当金」の受給があります。また育休を取得するのであれば雇用保険への加入など一定の要件を満たせば「育児休業給付金」の受給も。

産休・育休中の社会保険料は申請すれば免除になります。また免除期間中の受け取り年金が減額されることはありません。こうした申請も忘れずに行いたいものです。

お住まいの自治体によっては独自の給付金を設けているところもありますので、妊娠がわかった段階で確認してみるとよいでしょう。

妊娠＆出産 38

出産内祝いには、何が喜ばれる？

出産内祝いに何を贈る？

■出産内祝いの相場

目安は

贈られた品物や金額の半額～1／3

■出産内祝いで多い贈り物

- お菓子
- タオル類や洗剤
- カタログギフト

出産内祝いとは？

出産後、赤ちゃんの誕生祝いを贈ってくれた方々に感謝の気持ちを込めてお返しするのが出産内祝い。お祝いをいただいてから1カ月以内に贈るのがマナーとされています。

その相場ですが、贈られた品物や金額の半額から1/3程度が目安になっています。お返しの品はお菓子やタオル類、消耗品など日常生活で使えるものが人気で、カタログギフトを贈る方も増えているようです。

最近人気なのが、子どもの顔写真や名前などを入れることができる「名入れギフト」。しかし、実はもらったほうは困ってしまうという声もあるようですので、贈る人を選んで渡したほうがよさそうです。

出産内祝いは生まれてきた子どもの名前を報告するという意味合いもありますので、のし紙に名前を入れることが一般的です。子どもの名前の読み方が難しい場合は、振り仮名を入れます。のしの表書きは「出産内祝い」もしくは「内祝い」で、水引は紅白蝶結びを選びましょう。

出産後は子育てに追われ、慌ただしい日々を送ることになるでしょう。事前にお返しの品を選んでおくと安心です。

妊娠＆出産

39

自分のために、子どものために

シングルマザーの主な支援制度

児童扶養手当

ひとり親家庭の生活支援が目的で、４カ月ごとにまとめて年３回支給。

児童手当

中学校修了までの児童ひとりにつき月額１万５千円または１万円を年３回支給。所得制限限度額以上の人には特例給付として児童ひとりにつき月額 5000 円を支給。

特別児童扶養手当

精神または身体に障害のある 20 歳未満の児童を養育する方に手当が支給されるもの。

など

※自治体によって内容や名称が異なるが、家賃や医療費を支援してくれる「住宅手当」や「医療費助成制度」などもある

未来の子どものためにも知っておくと安心できるわね

支援制度を活用しよう

シングルマザーの各種支援は生活の自立と安定を守るために制度化されたものが多いです。

代表的なのは「児童扶養手当」で、18歳以下の児童を持つひとり親家庭が受け取れるもの。手当の額は扶養者の所得や子ども数、物価に応じて変わりますが、２０１７年度は児童ひとりの場合、全額支給で月額４万２２９０円。２人目は９９９０円、３人目以降は５９９０円が加算。

また児童扶養手当を受給している世帯では、ＪＲなどの交通費の割引や医療費支援、自立支援などを受けることができます。

「児童手当」は各家庭に支給されるものですが、ひとり親家庭においては児童扶養手当と並行して受給できます。

自治体によっても違いのある制度

「児童扶養手当」や「児童手当」は国の制度ですが、自治体が独自に実施している支援制度もあります。例えば、東京都の「児童育成手当」がそれに当たり、児童ひとりにつき１万３５００円が支給されます。

このようにシングルマザーを支える制度は内容に違いはありますが、各自治体に多く存在しています。

もしもの時、生活の一助となる情報を知っておくことはとても大切です。

4章

子育て

Parenting

子育てにはお金がかかりますが、
その一例が大学卒業までにかかる教育費用。
子どもひとりにつき
1000万円以上ともいわれています。
幼少期から義務教育、高校・大学と
果たしていくらかかるのか、
その目安を知りましょう。

子育て 40

子どもが成人を迎えるまで、いくらかかるの？

ひとりの子どもを育てる費用は 1302万円（0～21歳）

■ひとりの子どもを育てる費用の内訳

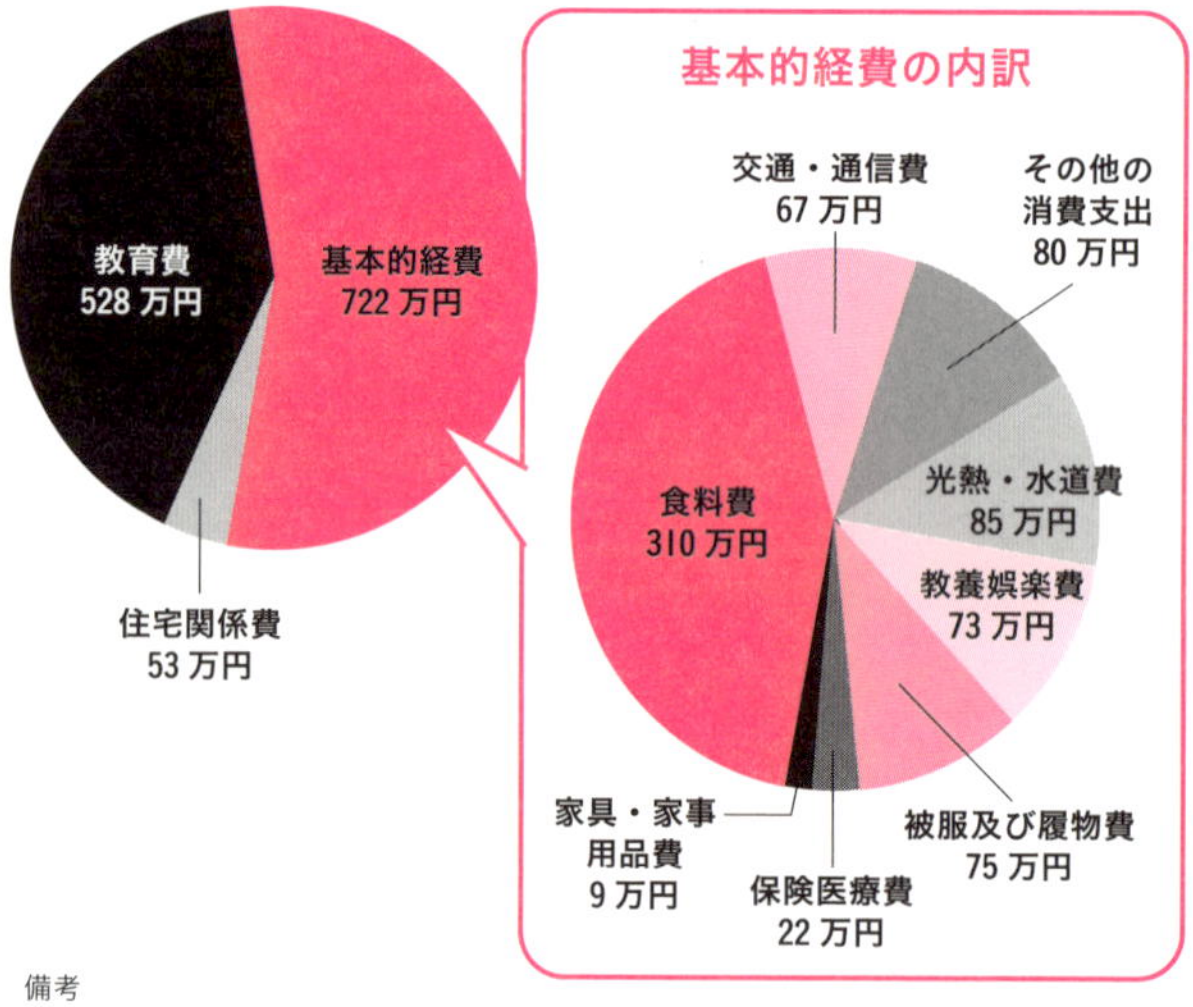

備考

1. 総務省「家計調査」により特別集計。
2. ひとりの子どもを育てる費用は、子どもがいると増加すると考えられる費目について、子どもがひとりいる世帯の22年間の支出から子どものいない世帯の22年間の支出を差し引いて算出した。
3. 四捨五入のため、費目別費用と合計は一致しない場合がある。
4. 2003年から過去2年にさかのぼり平均値をとる後方移動平均により算出した。

出典：内閣府　平成17年版国民生活白書
「子育て世代の意識と生活 第3章子育てにかかる費用と時間」

大学卒業までにかかる子育て費用は？

少し古いデータになりますが、平成17年度の国民生活白書によれば、０歳から21歳まで、ひとりの子どもを育てる費用は１３０２万円。

その内訳ですが、基本的経費が７２２万円、教育費は５２８万円、住宅関係費は53万円となっています。ただしこの数字は子どもの年齢層ごとに子どもひとりの世帯と子どものいない世帯の平均支出の差額を出したもので、実際はもっとお金がかかるものとみられています。

実はもっとかかる？子育て費用

例えば教育費ですが、これは子どもの進路によっても金額は大きく異なってきます。

仮に幼稚園から高校まで公立の場合で約５００万円、大学も国立であれば自宅から通った場合、４年間で約５００万円かかる見込みなので、それだけで約１０００万円以上の教育費がかかることになります。

同じように幼稚園から大学まで私立ともなれば、その倍はかかるとみてよいでしょう。

また養育費だけをみると、民間の保険会社の調査によれば22年間で約１６４０万円と試算されています。

こうしたことから、誕生から大学卒業まで子どもひとりを育てる平均費用は３０００万円ともいわれています。

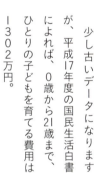

子育て 41

子どもが増えたら、お金がかかりそう……

2人目以降の子育て平均費用

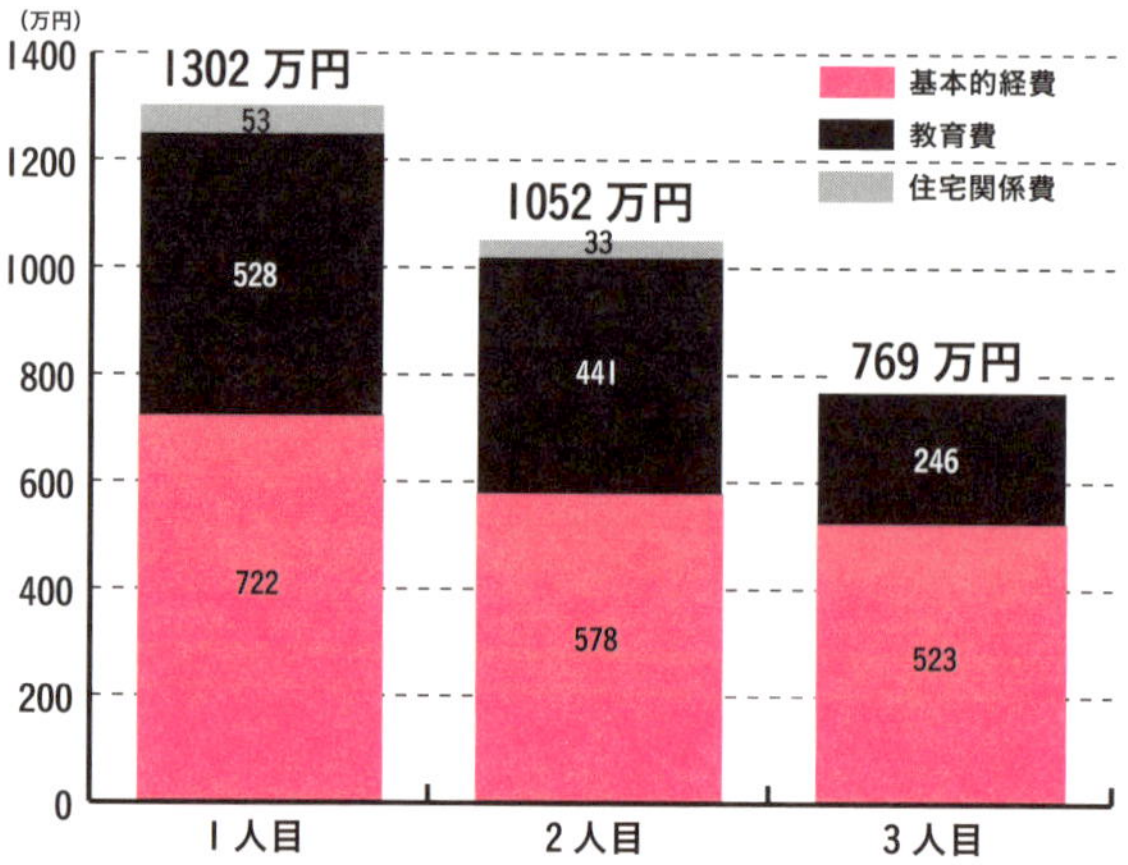

出典：内閣府　平成17年版国民生活白書
「子育て世代の意識と生活 第3章子育てにかかる費用と時間」

子どもが増えるにつれて子育て費用は安くなる？

前ページでは子どもを21歳まで育てる費用の平均はひとりあたり約１３００万円であることをご紹介しましたが、子どもが増えるにつれてその分子育て費用も増えるのでしょうか。

実は増えるどころか、減る傾向にあるのです。国民生活白書によると、２人目は１０５２万円、３人目は７６９万円と、人数が増えるほど子育て費用は※逓減《ていげん》する傾向にあるとしています。

単純計算をしてみると、１人目は年間で約59万円、２人目は約47万円、３人目は約34万円となります。

子育て費用、なぜ逓減するのか？

また白書によれば、子どもが増えると費用が逓減する一因として、洋服や履物などの衣類をお下がりとして活用するなどして子育て費用を抑えている面が見受けられました。

２人目、３人目と増えるにつれて、子育てにも慣れ、お金のやりくりが上手になっている側面もあるかもしれません。

国や自治体では子育てをサポートする児童手当などがありますので、こうした制度は忘れずに活用したいものです。

※逓減（ていげん）…次第に減少すること。

子育て 42

保育園の費用っていくらくらい？

待機児童問題は
深刻よね…
仕事は続けたいし
保育園が早く
増えてほしいな

1世帯の子どもひとりあたり平均月額利用料

認可保育園の場合

2万〜3万円

無認可保育園の場合

3万〜5万円

参考：厚生労働省 平成24、25年「地域児童福祉事業等調査の概況」
※0〜1歳児は、5万〜6万円になることも

保育園の費用は所得に応じて決まる

保育園は子どもを0歳から預かってくれる施設で、両親ともに働いている家庭にとってはありがたい存在。しかし、ニーズに対して保育園の数が足りず、待機児童も多いことから社会問題となっています。

そもそも保育園は大きく分けて2種類あり、設備や広さ、保育士の人数など国が定めた最低基準をクリアして都道府県知事に認可されたのが認可保育園で、認可を受けていないのが無認可保育園。

設備や保育内容などに違いはありますが、無認可だから違法というわけではなく、認可保育園と同様に延長保育や夜間・休日保育などを受け持つところも多いようです。

認可と無認可、保育料はどう違う？

認可保育園の場合、各世帯の住民税の一部金額（所得割課税額）に基づいて決定されます。

国が定める利用者負担の上限額の基準があるのですが、そこからさらに自治体が金額を設定しているため、地域によって保育料が大きく変わることがあります。

一方の無認可保育園は国からの公的補助がないため、高い傾向にあり、それぞれの施設が料金を設定しています。そのため、同じ保育料でも安いところから高いところまで施設によって異なります。

子育て 43

幼稚園の費用っていくらくらい？

1年間にかかる幼稚園の平均費用

公立：約22万円

私立：約50万円

	学校教育費	学校給食費	学校外活動費	合計
公立	11万9175円	1万9382円	8万3707円	22万2264円
私立	31万9619円	3万6836円	14万1553円	49万8008円

出典：文部科学省　平成26年度「子供の学習費調査」の結果について

幼稚園の保育料は一律ではなくなった!?

3歳児から小学校就学までの幼児を預かる幼稚園の管轄は文部科学省になります。公立は自治体が、私立は学校法人や社会福祉法人などが設置しています。

また幼稚園数ですが、全国的に公立より私立が多い傾向にあり、卒園までの費用に関して私立は公立の倍かかるとみておいてよいでしょう。

右ページにある平均費用ですが、それぞれの幼稚園が定めた一律の保育料から平均を出したもの。しかし、平成27年4月からは「子ども・子育て支援制度」がスタートし、幼稚園の費用は保護者の所得に応じて各市町村が定める負担額となるしくみになっています。この制度に移行しない幼稚園については、費用はその園が定めたものになります。

幼稚園費用の内訳とは？

入園時には入園料や制服、バッグ、学用品などの購入費がかかり、月々にかかる費用としては保育料、教材費、給食費などがありますが、私立の場合は入園料や授業料などが公立に比べて割高になることが多いようです。

私立幼稚園に通園している場合、保護者の経済的負担の軽減を図ることなどを目的に、補助金を交付している自治体もあります。

子育て 44

小学校、中学校の費用って？

入学から卒業までにかかる平均費用

	小学校		中学校	
	公立	私立	公立	私立
学校教育費（年額）	6 万円	89 万円	13 万円	100 万円
学校給食費（年額）	4 万円	4 万円	4 万円	4 万円
塾など学校外活動費（年額）	22 万円	60 万円	31 万円	31 万円
年の総額	32 万円	153 万円	48 万円	133 万円
卒業までの総額	192 万円	918 万円	144 万円	399 万円

参考：文部科学省平成 26 年度「子供の学習費調査」の結果について

子どもにかかる費用を考えると貯蓄は大切ね！

こんなにも違う！公立と私立の平均費用

公立であれば義務教育期間はお金はそんなにかからないと思いがちですが、そうではありません。

公立でも小学校では平均で年間32万円、中学校では平均48万円がかかります。公立で無料となるのは入学金、授業料や教科書代ですが、入学前には体操服や上履き、道具箱など指定用品一式をそろえる必要があります。

入学後に出てくる毎月の支払いとして主なものは、給食費をはじめ、PTA会費、修学旅行などの積立、教材費などがあります。学校教育費でみた場合、私立の費用が飛び抜けて高いのは公立では無料の入学料や授業料が含まれるからです。教科書については義務教育の間は私立でも「文部科学省検定教科書」については無料で配布されます。ただオリジナルの教材を使用する私立も多く、その分は実費となります。

またPTA会費や修学旅行の積立など学校へ納めるお金も私立のほうが高い傾向にあります。

もしもの時に知っておきたい就学支援制度

公立の小中学校で必要な学用品や給食などにかかる費用を自治体がサポートするしくみが、就学支援制度です。これは経済的理由により就学が困難な家庭に限り、自治体から支援を受けられるというものです。もしもの時に覚えておきたい制度です。

子育て 45

学童保育を利用するといくらかかる？

学童保育における利用料金
（平均月額）

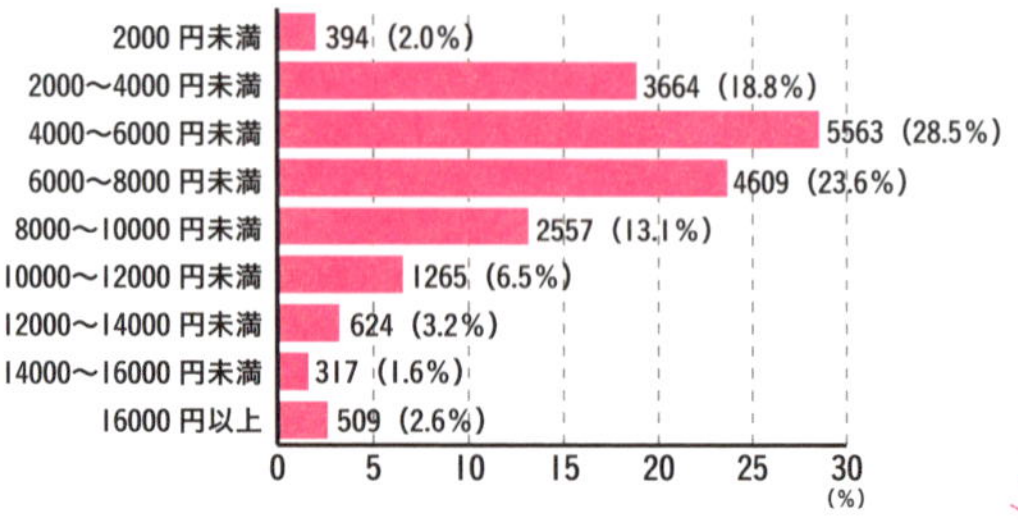

出典：厚生労働省　平成 28 年「放課後児童健全育成事業（放課後児童クラブ）の実施状況」
※調査対象には公共と民間の両方が含まれます

運営する施設によって料金が異なる学童保育

学童保育（国の施策名は放課後児童クラブ）とは、子どもが放課後や土曜日、春・夏などの学校長期休学日に通う施設のことで、共働き家庭や母子・父子家庭で日中、親と一緒に過ごすことができない子どもをサポートしてくれます。ただし、希望者全員が入れるわけではなく、施設が足りないことから待機児童も増えています。

学童保育を運営するのは自治体による公立公営や社会福祉協議会、NPO法人、民間企業などで、開設場所は学校施設や児童館、法人等の幼稚園など。預かり時間も放課後から19時といったケースや、延長で夜間までと運営母体によって異なります。

利用料金については、民間が運営する場合、公立では受けられないサービスもあり、高額なケースが多いようです。自治体が運営する施設ではそれぞれ異なりますが、月額数千円程度。また、世帯の状況（生活保護世帯や2人以上の利用がある場合など）によっては減免制度を利用できることもあります。

子育て 46

子どもの習い事にいくら使ってる？

早い子は0歳から！子どもの習い事事情

子どもにいつから習い事を始めさせればよいのか悩む家庭も多いそう。特にスポーツの世界で活躍する有名アスリートは、早い段階から習わせていたというケースもあり、「うちの子もいつか大舞台に！」という気持ちになるのかもしれません。

実際に人気の習い事といえば、水泳や英語・英会話、ピアノなどで、水泳の場合、早いところでは生後6カ月から通えるスクールもあるそうです。

気になる月謝ですが、平均でみると水泳は6800円、ピアノは8100円、英語・英会話は8400円という価格帯。

塾に関しては小学校3、4年生から塾通いをするという子どもが多いようです。小学校4年生の塾通いをみてみると、公立は約5万3000円、私立で約23万円。学年が上がるたびに金額も右肩上がりとなっています。

学習塾、習い事にかける平均費用

		学校外活動費（年間）		
		合計	塾	習い事
小学校	公立	21万9304円	8万6865円	13万2139円
	私立	60万4061円	30万1819円	30万2242円
中学校	公立	31万4455円	24万5804円	6万8651円
	私立	31万2072円	19万4621円	11万7451円

出典：文部科学省 平成26年度「子供の学習費調査」

子育て 47

奨学金と教育ローン、何が違うの？

知っておきたい 奨学金と教育ローンの違い

■奨学金の主なポイント（日本学生支援機構の場合）

借入者　学生
- 貸与の対象は経済的理由により、修学に困難がある優れた学生・生徒本人
- 振込は毎月定額
  （第二種奨学金の場合、3・5・8・10・12万円の5種類の貸与金額から奨学生本人の状況に応じて自由に選択）

返済　学生
卒業後に借りた本人が返済

■教育ローンの主なポイント（日本政策金融公庫の場合）

借入者　保護者
- 保護者が借りる
- 融資額の上限は子どもひとりにつき350万円以内
- 振込は一括

返済　保護者
借りた翌月から返済

奨学金と教育ローン、何がどう違う？

大学入学時など、まとまったお金が必要となる教育費ですが、日本ではいずれも公的な制度である国の教育ローン（日本政策金融公庫）や日本学生支援機構の奨学金を利用するケースが多いようです。

これら2つの大きな違いは、奨学金は借りるのも返済するのも学生である子ども本人なのに対し、教育ローンの場合は保護者であるということ。

また奨学金は親の年収や子どもの成績などによる利用制限を設け、大学や短大などを対象にしていますが、教育ローンの利用条件は申込者世帯の年収制限があり、対象は高校からです。

教育ローンと奨学金、使い分ける必要はある？

奨学金の利用は高校卒業後に進学する大学などが対象となるので、申し込みは高校在学中から進学後に申し込むシステム。そのため奨学金を受け取れるのが入学後の4月以降となり、受験費用や入学金などのまとまったお金は国の教育ローンで賄うという併用も多く見受けられます。

学生のための支援金や奨学金制度は民間や自治体などが実施するケースも多々ありますので、事前の情報収集が大切です。

子育て 48

高校の費用っていくらくらい？

入学から卒業までにかかる平均費用

	公立	私立
学校教育費（年額）	24 万円	74 万円
学校給食費（年額）	なし	なし
学校外活動費（年額）	17 万円	26 万円
1 年の総額	41 万円	100 万円
卒業までの総額	123 万円	300 万円

参考：文部科学省平成 26 年度「子供の学習費調査」の結果について
※入学費は「学校教育費」に含まれます

やっぱり私立は高い！塾や習い事を考えると生活設計は重要だわ

公立・私立問わず支給されるお金とは?

高校の費用に関して近年の大きなトピックといえば、授業料が挙げられます。平成22年度から25年度まで公立高校の授業料は一律無料でしたが、平成26年4月から新制度となる「高等学校等就学支援金制度」がスタート。

これは国公立・私立を問わず市町村民税所得割額が30万4200円未満の世帯に国から支援金が支給されます。各家庭が受け取るのではなく、学校が国から受け取り、授業料に充てるというシステムで、金額については全日制で月額9900円です(定時制・通信制など公立・私立で異なります)。

市町村民税所得割額が30万4200円以上の世帯は支援が受けられないのですが、私立高校に通う生徒については、就学支援金の加算が拡充され、家庭の経済状況にかかわらず希望に沿った進路選択ができるように。

でも、やっぱり高い私立高校の費用

支援金があったとしても私立は授業料以外の学校納付金や部活動費、修学旅行などの毎月の積立が公立に比べて高くなります。私立に入る可能性を考えた貯蓄をしておくと安心です。

また、学校以外にかかるお金として顕著なのは、塾や予備校の費用。公立・私立にかかわらず学年が進むにつれて費用がかさむ傾向が高いです。

大学の費用っていくらくらい?

入学から卒業までにかかる平均費用

		入学費	授業料	設備費	1年間の合計	卒業までにかかる金額
国公立	平均(全学部)	33万9861	53万6829	--	53万6829	248万7177
私立	文科系	24万2579	74万6123	15万8118	90万4241	385万9543
	理科系	26万2436	104万8763	19万34	123万8797	521万7624
	医・歯系	103万8125	237万7037	83万1722	356万8759	2245万0682(6年制)
	その他	12万233	95万1119	23万7196	118万8315	487万3493
	平均(全学部)	26万1089	86万4384	18万6171	105万555	446万3309

(単位:一円)

参考:文部科学省「私立大学等の平成26年度入学者に係る学生納付金等調査結果について」、文部科学省「国公私立大学の授業料等の推移」

2人にひとりが大学へ進む時代

今や「大学全入時代」といわれ、2人にひとりが大学へ進む時代。1960年代に約10％だった大学進学率も2009年には、初めて50％に突入しました。大学を選ばなければ希望者は入学できる状況ではありますが、これは少子化をたどる子どもの数に対し、大学の数が飽和状態にあるからです。

学費については国立大学であれば安いというイメージがあるかもしれませんが、実はそうでもないのです。国立大学の入学料は28万2000円、授業料は年間53万5800円で入学初年度だけで81万7800円を納めることになります。

今から30年ほど前と比べると、入学料は12万円、授業料は年間25万2000円で、既に倍以上の値上げがされているのです。家計が苦しいので国立大学を選択するという考え方はひと昔前のことになりつつあります。

学費の負担は情報を得ることで軽減

少子化による志願者数の減少などにより、授業料の値上げは私立大学で増加傾向に。生き残りをかけて大学もシビアにならざるをえない状況ですが、学生を集めるために独自の奨学金制度を持つ大学もあります。学費の負担を少しでも軽くさせたいのであれば、情報収集を積極的に行うことが重要です。

子育て 50

学生の仕送りにかかる金額って？

仕送りをもらってもアルバイトは必須？

今や２人にひとりが大学に進学する時代。家を離れ、ひとり暮らしをしながら大学に通う子どもがいる家庭だと、学費以外に、仕送りが発生することも。

その仕送りの平均額は、日本政策金融公庫によると、月額12万１０００円で、年間だと１４５万１０００万円となります（「教育費負担の実態調査結果」平成28年度）。

また、これ以外にも初期費用として、下宿先の敷金・礼金、引っ越し費用、家財道具の購入費などがかかり、その平均は41万９０００円ほどだそうです。

入学前には入学金や初年度授業料の納入があるため、自宅外から通学する場合、ある程度まとまったお金を用意しておく必要があります。

ひとり暮らしの子どもにかかる費用

■自宅外通学者への仕送り額

年間平均 145万1000円

月額 12万1000円

■自宅外通学を始めるための初期費用

入学者ひとりあたり平均 41万9000円

出典：日本政策金融公庫「教育費負担の実態調査結果（平成28年度）」

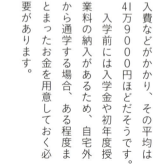

子育て 51

専門学校、短大の費用っていくら？

入学から卒業までにかかる平均費用

■高専・専修・各種学校

62万5000円（入学金）+242万2000円（在学費用）
=304万7000円

■私立短大

78万3000円（入学金）+312万6000円（在学費用）
=390万9000円

出典：日本政策金融公庫「教育費負担の実態調査結果（平成28年度）」
※高専・専修・各種学校、私立短大は、修業年限を2年として算出

4年生大学に比べて費用負担は半減する

２年制が多い短大、専門学校は４年生大学に比べて入学から卒業までの費用は安くなります。ちなみに公立短大の場合の平均入学料は21万７０００円（全国公立短期大学協会調べ）とさらに安くなります。

専門学校は美容やファッション、医療や食など幅広いジャンルを選ぶことができ、資格や高い専門性などを身に付けることができますが、学ぶ内容によっては学費も大きく異なります。

例えば専門学校で最も人気の高い分野は医療で、中でも生徒数が多いのは看護学校。その※初年度納付金の平均は87万８００００円ですが、同じ医療でも理学療法・作業療法の学校では１７２万円とだいぶ違います。

短大は短期間で教養教育や専門教育を受けられることが特徴で大学に比べて安く済みます。ただし、昨今の少子化や４年制大学志向などのあおりを受け、１９９６年のピーク時には全国に約６００校あったものの、２０１６年には３４１校まで減少し、志願者も年々減っています。また専門学校も同様に志願者、数ともに減少傾向にあります。

※出典：東京都専修学校各種学校協会「平成26年度学生・生徒納付金調査（結果）」

子育て 52

海外留学費用の相場は？

国別でみる留学費用相場

語学留学のケース

「授業料＋滞在費＋食費」の目安

国	12週間	24週間	48週間
アメリカ	90万～110万円	165万～225万円	325万～430万円
カナダ	50万～80万円	90万～155万円	185万～305万円
イギリス	60万～100万円	110万～180万円	210万～355万円
オーストラリア	55万～85万円	110万～160万円	215万～300万円
ニュージーランド	55万～80万円	105万～155万円	205万～300万円

※同じ留学期間でも国別で費用に幅があるのは、選ぶ学校や選択するコース、1週間あたりのレッスン数によって、授業料が異なるため。また、国や地域による物価の差も影響しており、食費や滞在費と同様に授業料にも物価が反映している

出典：留学ジャーナル「海外留学大辞典 留学の費用」

日本人で一番多いのは語学留学

留学とひと言でいっても語学留学から大学・大学院留学、高校留学やワーキングホリデーなど、その形態はさまざま。

日本人留学生の総数は推定で※約17万人いるとされています。もっとも多いのは1～3カ月未満の語学留学で、行き先としてはアメリカ、オーストラリア、カナダなどが人気。

一定期間、勉強をしながら海外に滞在するとなると、果たしてどれほどの費用がかかるのでしょうか。

留学のサポートなどを手掛ける「留学ジャーナル」によれば、3カ月程度の語学留学でも国によってその費用は異なってくるそう。選ぶ学校や選択するコース、レッスン料などによって授業料も異なりますし、国や地域による物価も影響してきます。

留学しようと考えた時、現地での滞在費や授業料ばかりを考えてしまいがちですが、往復交通費や海外保険、ビザ申請料などといった諸経費も発生することをお忘れなく。

大学留学のほうがコストはかかる

例えば3カ月の語学留学でも、費用はおおよそで100万円未満に抑えることも不可能ではありません。一方、大学や大学院であれば公立や私立などでも金額は変わってきますが、1学年で200万～300万円を目安と考えるとよいでしょう。

※文部科学省「日本人の留学状況」、独立行政法人日本学生支援機構「協定等に基づく日本人学生留学状況調査」、一般社団法人海外留学協議会の調査から推定値を算出

また貯金…
結婚資金
出産ちょきん
妊活ちょきん
学資貯金
旅行貯金
老後貯金

5章

投資

Investment

お金は「増やす」のではなく
「育てる」もの。
そう考えてみると、より関心を持ちながら
楽しくお金と付き合えると思いませんか？
では、お金を育てるために何をすべきか。
ここではその方法について説明します。

投資
53

30代から始める投資は何がいいの？

投資経験がある30代

19.9%

■年代別有価証券保有状況

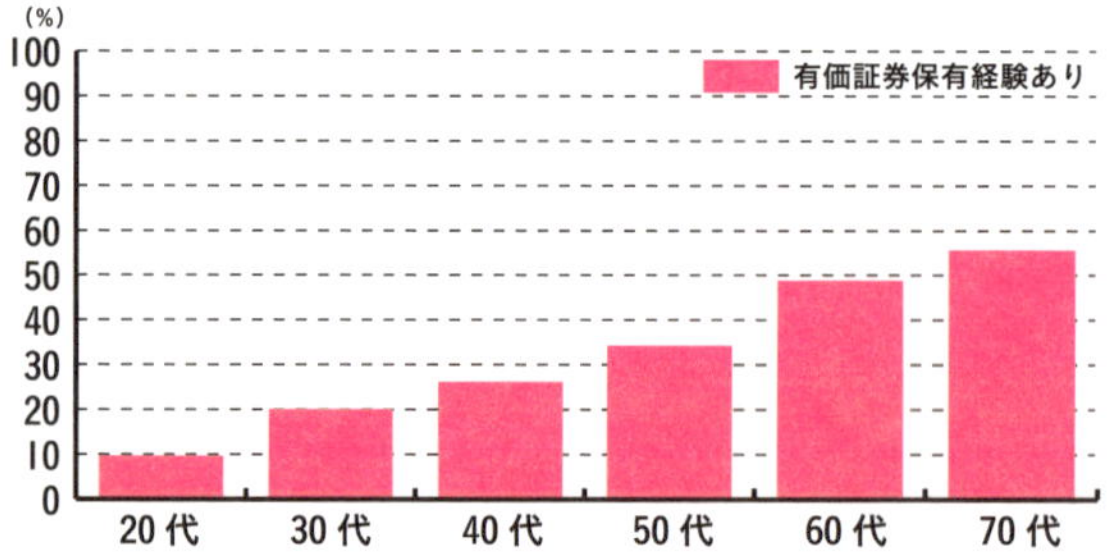

※有価証券＝株式、投資信託、債券、REIT、ETFのいずれか

出典：金融庁「国民のNISAの利用状況等に関するアンケート調査（2016年2月）」

■金融商品のリスクとリターンのイメージ図

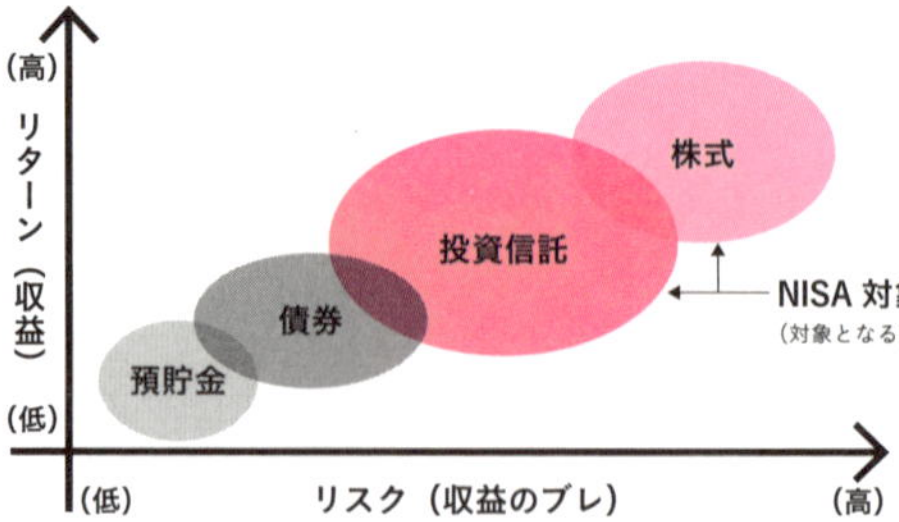

30代からの投資は初心者がほとんど

仕事も安定し、自分の生活スタイルも定まってくると、そろそろ将来のためのお金を真剣に考え始める時期。とはいえ、まだだ資産運用という意識は低いようで、30代で投資の経験がある人は約20％にとどまっています。そもそも日本人は貯蓄は好きでも投資は敬遠する傾向があるため、どの世代も投資経験者は多いとはいえませんが、それでも年代とともに右肩上がりに増えていることがわかります。

リスクをどれだけ許容できるかが鍵

「お金はコツコツ貯めるもの」「株などは損をしそうで怖い」。こうしたイメージから投資に二の足を踏んでいる人は少なくないでしょう。しかし超低金利時代、預金しておくだけではお金の価値は下がるばかりです。

確かに投資には、お金が減るかもしれないというリスクがあります。重要なのは、自分ならそのリスクをどこまで許容できるかを把握することです。年齢で考えた場合、30代であれば働いてお金を稼げる期間が長く、運用期間も長くとれるので、仮に運用がうまくいかなかった場合でも挽回のチャンスがたくさんあり、高いリスクに耐えられるといわれています。

とはいえ、投資初心者には高いリスクを取ることはお勧めできません。低リスクあるいは少額から始めるのが基本です。

投資
54

NISA（少額投資非課税制度）とは？

NISAの概要

利用できる人……口座を開設する年の1月1日時点で日本にお住まいの20歳以上の人

非課税対象………株式・投資信託などへの投資から得られる配当金・分配金や譲渡益

口座開設可能数…ひとり1口座

非課税投資枠……新規投資額で毎年上限120万円が上限
非課税投資総額は最大600万円

非課税期間………最長5年

投資可能期間……2014年～2023年

■ NISAのしくみ

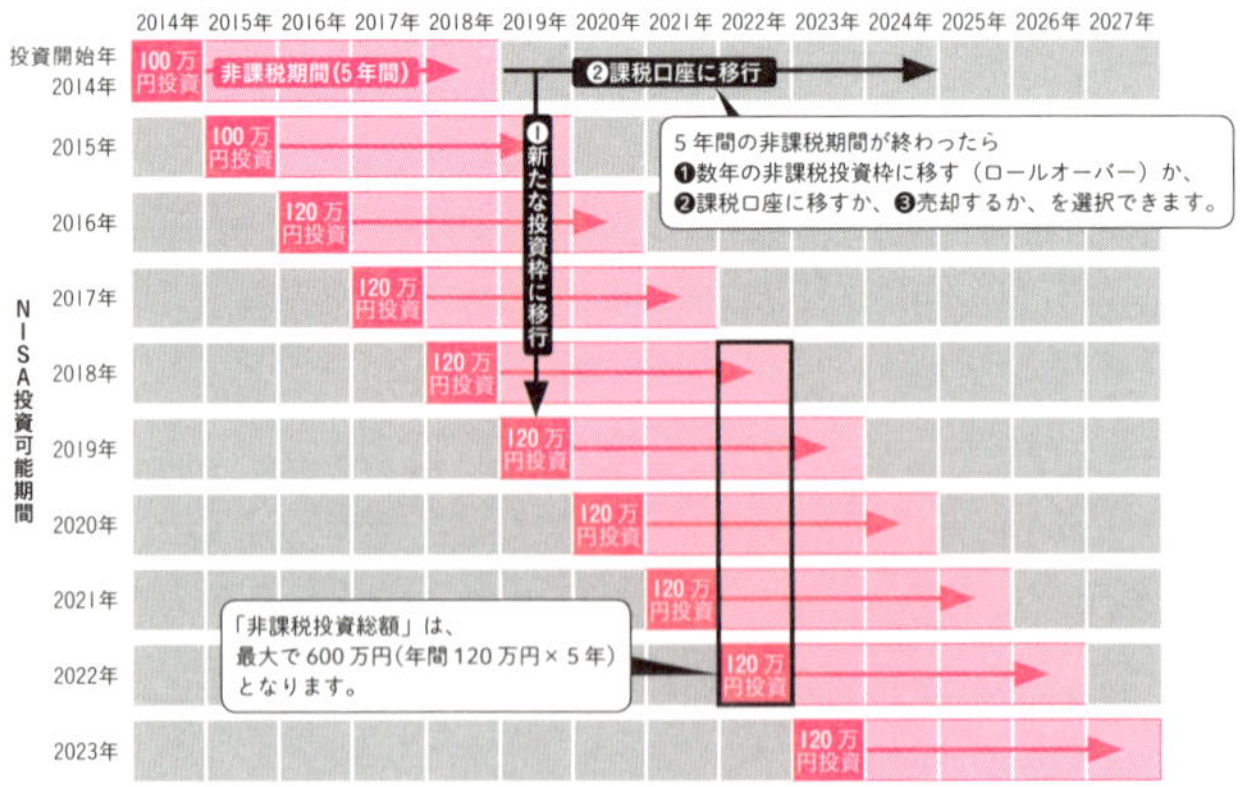

株式からの利益が非課税になるNISA

投資初心者は少額から運用を始めたいもの。しかし、せっかく投資して出た利益に税金がかかる……と聞いたら、ちょっとガッカリしますよね。

通常、株式や投資信託などの金融商品によって得た利益には約20%の税金がかかりますが、少額の取引には税金がかからない優遇措置があります。それが「少額投資非課税制度」、通称「NISA」です。

NISAの口座を開設する人は、金融庁の調査結果によると2014年の制度開始以来、順調に推移しており、そのうちの約3割は投資未経験者で、特に30~40代の若い世代の人の間で口座開設数が増えているという調査結果も出ています。

NISAのしくみとは?

NISAの最大のメリットは、NISA口座で得た利益が非課税になることです。少額から投資が可能で、毎年120万円の範囲内で購入した金融商品から得た利益は最長で5年間、税金がかかりません。非課税で保有できる投資総額は最大600万円となります。

例えば、A社株に120万円分投資したとします。5年後その株価が1・5倍の180万円に。利益は60万円です。通常であれば60万円の20%=12万円が税金となりますが、NISA口座で取引すると税金はゼロ。12万円も得したことになります。

5年間を超えたら、保有している金融商品を翌年の非課税投資枠に移すこともできます。

NISAの優遇を受けるには?

NISAを始めるためには、銀行や証券会社などに専用の口座(NISA口座)を開く必要があります。

NISA口座が開設できるのはひとり1口座、ひとつの金融機関だけです。また取り扱っているNISA対象の金融商品は個々の金融機関によって異なりますので、事前にしっかりと確認してから口座開設するようにしましょう。

投資
55

NISAと「つみたてNISA」の違いって？

つみたてNISA

2018年1月からスタート

	つみたてNISA	NISA
非課税投資枠	毎年40万円まで	毎年120万円まで
非課税期間	20年間	5年間
投資総額	最大800万円まで （40万円×20年間）	最大600万円まで （120万円×5年間）
投資対象商品	一定の要件を満たした投資信託など	上場株式・投資信託など
購入方法	積立のみ	一括・積立
非課税期間	2018年から2037年までの20年間	2014年から2023年までの10年間

より初心者向きのつみたてNISA

2018年1月開始の「つみたてNISA」。通常、投資で得た利益には約20%の税金がかかりますが、つみたてNISAを利用すると、NISAと同じく、その税金はかかりません。

つみたてNISAは、少額からの積立・分散投資を目的に作られた、NISAの新制度です。NISAに比べて非課税期間が4倍、非課税投資額が1/3なので、少額でコツコツ長期投資をしたい人、特に初心者や若い人にオススメといえます。また、NISAの投資総額が最大600万円に対して、つみたてNISAは最大800万円。総額でみると、つみたてNISAのほうが節税効果が高いことがわかります。

金融庁が認めた金融商品のみが対象

つみたてNISAの投資対象となる商品は、金融庁の要件を満たした、長期の積立・分散投資に適した一定の投資信託、ETFのみで株は対象外です。あらかじめ商品が絞られている分、商品が選びやすいというメリットもあります。

一方、NISAの対象商品は幅広く株式投資も可能です。まとまった金額を株でも投資信託でも運用したいという人はNISA向きです。現状、NISAとつみたてNISAは併用できませんので、自分の投資スタイルに合ったほうを選びましょう。

投資56

投資初心者なら、まずは投資信託

少額から始められリスクも低め

初心者でも、手軽に気軽に始められるのが投資信託です。ファンドマネージャーと呼ばれる運用のプロが、集めた資金を元に株式や債券などに投資してくれるので、投資の知識がなくても大丈夫。プロが運用することで利益が上がる可能性も高くなります。

また投資の失敗を避けるためには、複数の銘柄への分散投資が鉄則ですが、投資信託は数多くの銘柄がパッケージになった金融商品ですので、1本買うだけで数多くの銘柄に分散投資できます。

何より嬉しいのが、少額からでも始められることです。たいていI万円から購入でき、積立の場合なら500円から始められるネット証券もあります。

投資信託は、通常、証券会社や銀行などの金融機関によって販売されていますが、販売会社を経由せずに、運用会社が個人に直接販売する「直販投信」と呼ばれる投資信託もあります。

特徴としては、誰が運用しているのか明確、販売手数料がかからない、信託報酬が低く抑えられていることが多いなどです。

初心者にオススメの理由

1. 500円から積立可能
2. 運用はプロにお任せ
3. 分散投資が可能

投資57

株式投資が人気の理由とは？

今までに投資したことのある金融資産は？

※預貯金以外

1位 株式
2位 投資信託
3位 債券

以下、外貨預金、REIT、FX、ETF……

出典：金融庁「国民の NISA の利用状況等に関する アンケート調査（2016 年 2 月）」

初心者の銘柄選びは身近なものから

投資＝株というイメージを持つ人は多いと思いますが、実際、投資を行っている人の中でも株式投資が1位です。

株式投資をする場合、どの銘柄を選べばよいのか迷うもの。初心者なら応援したくなる企業の株を選び、配当金や株主優待をもらいながら、株価の上昇をじっくり待つ長期保有がオススメです。

日用品やコスメ、旅行など身近な製品やサービスに関連する企業であれば、業績などについても興味を持ちやすいでしょう。

株主優待は、企業から一定の株を持つ株主に対して特典が贈られる制度で、自社製品、割引券や金券、ギフトカタログなど、優待内容は実にさまざま。株式投資の楽しみのひとつです。

投資 58

トップクラスの安全性、国債

国債は低リスク商品の代表格

国債は、株式や為替などと比較して、リスクが低い投資商品といわれています。理由は、国債は日本国が資金を調達するために発行している債券であり、その債務者つまり日本が破綻するリスクはとても低いからです。

中でも個人向け国債は「1万円から1万円単位」で購入することができ、少額投資が可能な商品です。

個人向け国債の種類は、半年ごとに決まった額の利子が支払われる固定金利型と、半年ごとに適用利率が変動する変動金利型があり、固定金利型は3年満期と5年満期の2種類、変動金利型は10年満期で、いずれの商品も満期日には元本が返済（償還）され、最低でも0・05％（年率※2017年10月現在）の金利が保証されることとなっています。

発行してから1年間は原則解約ができませんが、それ以降であれば一部または全部を中途換金することも可能です。

毎月、募集・発行を行っており、銀行や証券会社などの金融機関で購入することができます。

個人向け国債のメリット

- 元本割れなし
- 1万円から購入可能
- 0.05%※の最低金利保証
- 1年経過で中途換金可能

※2017年10月現在

投資 59

初心者にもわかりやすい、外貨預金

外貨預金の理想

預けるときは……

円安よりも円高

払い戻すときは……

円高よりも円安

外貨預金の魅力は高めの金利と為替差益

外貨預金は、日本円を米ドルやユーロなどの外国通貨に替えて預金をする金融商品で、金利が驚くほど低い円に比べ金利の高い通貨が多く、また為替変動によっても利益を得られる可能性があります。

例えば、円を米ドルで預金した場合、10万円を1ドル＝100円の時に預け入れると1000ドルですが、預金している間に円安になり1ドル110円になれば、円としての評価額は11万円になり、1万円の為替差益となります。逆に、1ドル90円の円高になれば、円としての評価額は9万円になり、1万円の為替差損となります。

なお、金融機関によって入出金にかかる手数料が違います。できる限り手数料が低いところを選んだほうが良いでしょう。

投資60

副収入や老後の資金に不動産投資

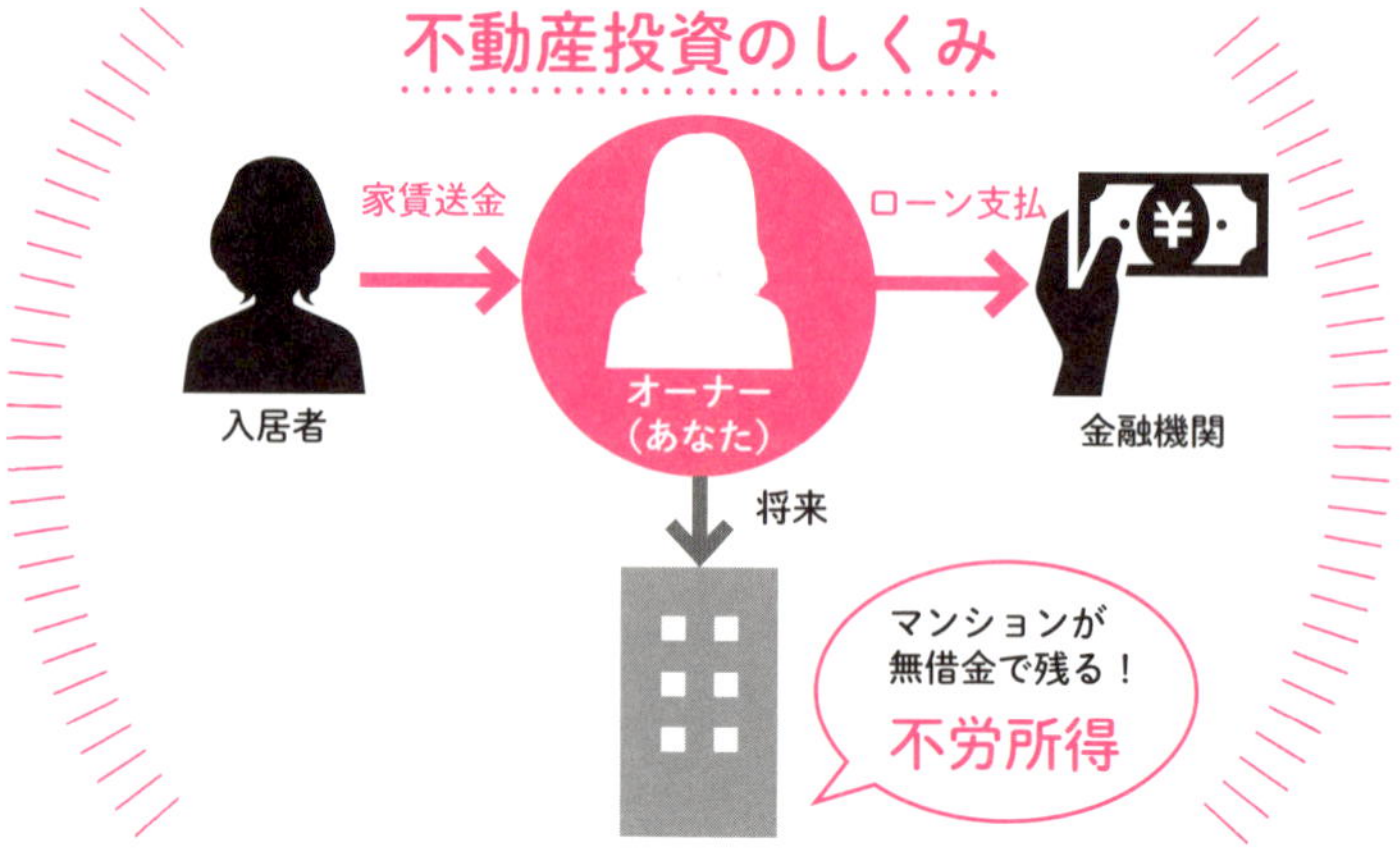

不動産投資はラクして副収入？

一生懸命働いてもなかなか賃金が上がらない、子育てや介護に忙しく仕事に出るのが難しい、年を重ねても安定した収入を得たい、こうした方にお勧めの投資として、女性を対象とした不動産投資セミナーがよく開かれているようです。

確かに、マンション一室分であっても毎月一定の家賃収入が得られるというのは魅力です。将来にわたって賃貸ニーズが見込める地域の物件を選べば、いきなり不動産の価値が半分になったりすることはないでしょうから、長期的、安定的に収益を上げられる期待が持てます。投資金は高額ですが、金融機関から融資を受けることが可能です。

しかし、物件を購入するためには融資を受けることは、あなたもローン返済をしなくてはなりません。ローン返済以上の家賃収入があればそれが収益となりますが、空室や家賃滞納となれば赤字です。修繕やリフォームなどの資金も考えておく必要があり、不動産投資で成功することは、それほど簡単なことではなさそうです。

投資61

投資の基本は、分散投資・長期投資

資産運用の原則 分散投資・長期投資

資産運用の有名な格言に、「卵をひとつのカゴに盛るな」というものがあります。

卵をひとつのカゴに盛ると、そのカゴを落としたら全部の卵が割れてしまいますが、卵を複数のカゴに分けて入れておけば、ひとつのカゴを落としたとしてもすべての卵を割ってしまうことは避けられる、つまり、何かひとつに片寄って投資するとリスクが高いので、複数の商品に投資を行い、リスクを分散させたほうがよいという教えになっています。

長期投資とは、5年や10年、20年など長期的なスパンで運用することをいいます。価格が大きく変動する金融商品でも、長期間保有することでリスクが平準化され、リターンも比較的安定していく傾向があります。

投資
62

30代女子の平均貯蓄額は？

30 代独身女性の平均貯蓄額

397 万円

出典：総務省統計局「平成 26 年全国消費実態調査」

■ 30 代シングル、貯金の有無

ある 52.7％

ない 47.3％

■ 30 代シングルの貯金の目的は？

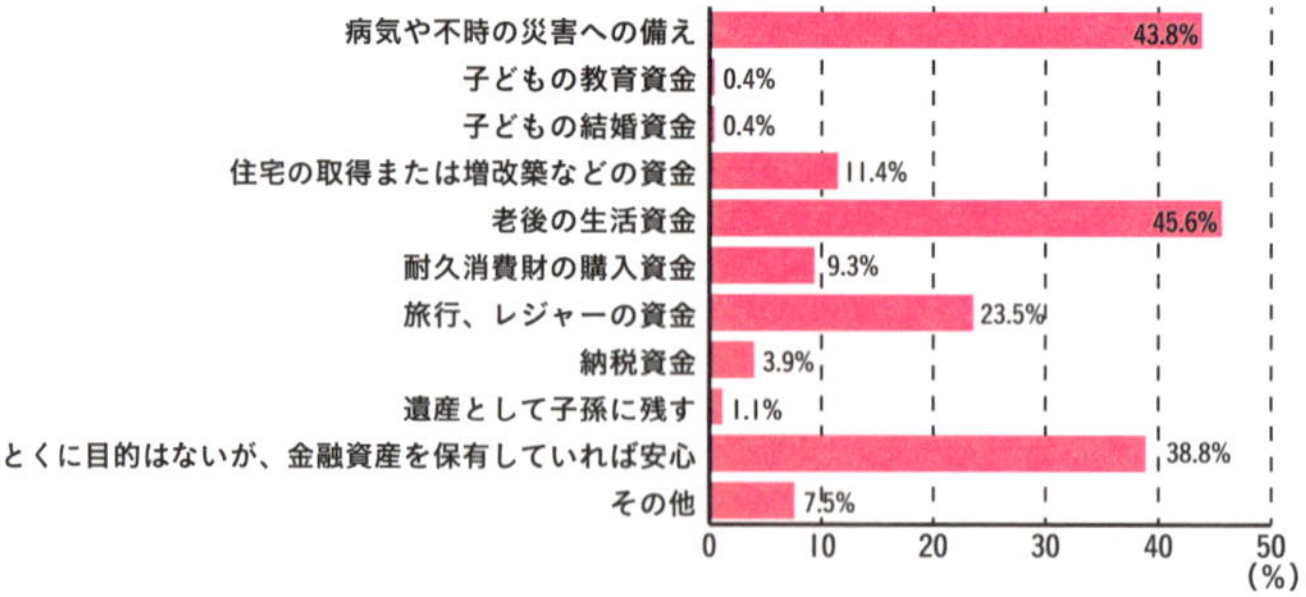

出典：金融広報中央委員会「平成 28 年家計の金融行動に関する世論調査（単身世帯）」

30代シングル女子の貯金の平均は?

総務省の調査によると、30代独身女性の貯蓄額は平均397万円。30代女性の平均年収は※約308万円というデータを踏まえると年収よりもかなり多い額で、けっこうしっかり貯金しているという印象です。

しかし一方で、「貯金はない」という人は、47・3%(30代独身男女)。貯金がある人とない人は半々といってもいいくらいの割合です。

シングルの場合、お給料は自分でコントロールできるので、将来のために貯金を増やしている人、なんとなくお金を使ってしまっている人の差は大きいといえそうです。

お金を貯める目的は?

貯金の目的は、老後の生活資金、病気になった時や災害に遭った場合への備えという人が多く、長いスパンで将来を見据えての貯金という意味合いが強いといえます。

〝貯まる貯金〟をするために大事なことは、目的を明確にすることです。また老後の資金のような遠い将来に必要な大きな金額が目的の場合は、ライフプランを立てて何歳までにいくら貯めておく必要があるか、5年、10年ごとの貯金計画を立てておくといいでしょう。

※国税庁「平成28年　民間給与実態統計調査」

投資
63

シングルの場合、貯金はいくらしておくべき？

シングル女性が老後に必要なお金

■ 65 歳以上のシングル女性が 1 カ月に使う生活費

平均　約 15 万 3000 円

出典：総務省「家計調査（平成 28 年）」

■ 65 歳以上のシングル女性の貯蓄額

平均　約 1466 万円

出典：総務省「平成 26 年全国消費実態調査」

■シングルリタイヤ世代の平均家計収支

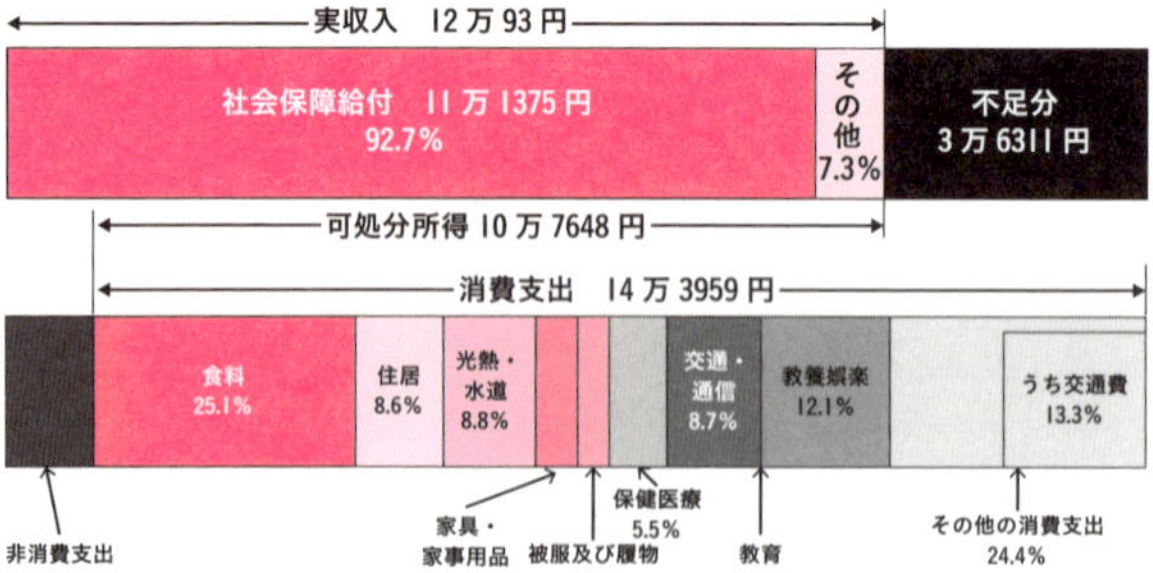

出典：総務省「家計調査（平成 28 年）」

老後の資金のためには いくら貯金が必要?

総務省の調査によると、65歳以上のシングル女性が1カ月に使う平均生活費は約15万円。単純に、今の女性の平均寿命86歳まで21年間の生活費を試算すると、必要生活費は3780万円となります。

ただし、60歳以上のシングル女性の持ち家率75・1%という内閣府のデータから推察すると、生活費15万円は持ち家の場合といえそう。高齢者シングルの消費支出の内訳をみても住居費の割合が生活費全体の8・6%と非常に小さいことがわかります。賃貸あるいは持ち家でもローン返済が残っている場合は15万+住居費5万円以上=5040万円以上が必要となりそうです。

さらに趣味や旅行、オシャレなどにもう少しお金をかけて「ゆとり生活」を送りたいとなれば、老後資金は約5500万〜6000万円くらいが妥当です。

今は公的年金が 頼りだけれど……

今のシングルリタイヤ世代の毎月の平均家計は生活費の約93%を公的年金で賄い、不足分の約3万6000円は貯金を切り崩して生活しているという計算です。しかし私たちが高齢者となった時も、今と同様に生活費の大部分を公的年金で賄うことができるとは限りません。

どんな老後を過ごしたいか?を考えて、今から自分で少しずつ貯めていきたいものです。

投資
64

お金を貯めるコツを教えて！

毎月貯めるお金

実家暮らし
手取り月収の
25%

ひとり暮らし
手取り月収の
10～15%

見直しのポイント

固定費＞変動費

■固定費の見直し

- ☑ 通信費
- ☑ 保険料
- ☑ 住居費

お金を貯めるなら先取り貯蓄

お金を貯めたいのであれば、「残った分を貯金」というスタンスでは思うように貯まりません。月々いくらと決めて、つみたてNISAなどで先取り貯蓄をするようにしましょう。

貯金の額は、収入のほとんどを自分のために使える環境にある実家暮らしの人なら手取り月収の25%、ひとり暮らしなら10〜15%割を目安に。派遣などで月収が安定しないという人は、収入が少ない月に合わせて額を決めるとムリがありません。

固定費の見直しが貯金成功への近道

節約するなら、食費や日用品など個々の金額が細かい変動費よりも、金額の大きい固定費を見直すことをオススメします。

中でも通信費は、スマホの普及とともに金額が増えている傾向があります。再確認してみると、もっとお得な料金プランがあるかもしれませんし、格安スマホやWi-Fiを利用するのも手です。

保険料は、若いうちに加入したおかげで安く済んでいるという人もいますが、今の自分に合った保障内容でもっとお得な保険商品がある可能性もあります。相談窓口や、保険を販売しないファイナンシャルプランナー、中でも、国際的に認められているCFPに相談すると、プロの視点で保険を提案してくれると思います。

投資
65

「iDeCo」って何なのか知りたい！

iDeCo（個人型確定拠出年金）＝個人で積み立てる私的年金

月々 5000 円から 1000 円単位で自由に設定できる

■ iDeCo の拠出限度額

		拠出限度額
（第 1 号被保険者）自営業者		月額 6 万 8000 円（国民年金基金または国民年金付加保険料との合算枠）
（第 2 号被保険者）会社員・公務員等	会社に企業年金がない会社員	月額 2 万 3000 円
	企業型 DC に加入している会社員	月額 2 万円
	DB と企業型 DC に加入している会社員	月額 1 万 2000 円
	DB のみに加入している会社員	月額 1 万 2000 円
	公務員等	月額 1 万 2000 円
（第 3 号被保険者）専業主婦（夫）		月額 2 万 3000 円

※ DC：確定拠出年金　DB：確定給付企業年金、厚生年金基金
出典：iDeCo 公式サイト

個人型確定拠出年金（ｉＤｅＣｏ）とは？

確定拠出年金とは、加入者が毎月一定額を積み立て運用することで、60歳以降に受け取れる年金額が決まる私的年金の一種です。個人が積み立てる「個人型確定拠出年金（ｉＤｅＣｏ）」と企業が積み立てる「企業型確定拠出年金」があります。

これまで「ｉＤｅＣｏ」の加入対象者は自営業者や会社員の一部に限られていましたが、２０１７年１月から公務員や専業主婦なども加入できるようになり、60歳未満のほぼすべての国民が加入可能となりました。積立拠出額は月々５０００円から、１０００円単位で自由に設定できますが、個人の状況によって限度額が異なります。

ｉＤｅＣｏの魅力は税制上のメリット

「ｉＤｅＣｏ」の大きな特徴は、払う・運用する・受け取るの３つのステップで、税制上の優遇措置があることです。

まず、積立額が全額所得控除になります。仮に毎月の積立額が１万円の場合、所得税（10％）、住民税（10％）とすると年間２万４０００円、税金が軽減されます。

積立金を運用するときの、運用益は非課税です。

そして、年金として受け取る場合は「公的年金等控除」、一時金として受け取る場合は「退職所得控除」が適用されます。

投資66

人気の資格と取得費用の相場は？

女性に人気の資格といえば

	受講費用（通信）
医療事務	5万円前後
ファイナンシャルプランナー ※3級	約5万～15万円
登録販売者	約3.5万～5万円 ※都道府県により異なる

資格取得にはいくらかかる

キャリアアップや転職のために資格を取りたいと考えている人は多いはずです。

女性に根強い人気の医療事務。仕事の内容は、病院や診療所などの受付窓口でのカルテ管理、健康保険点数の算出、診療報酬明細書（レセプト）の作成などです。試験は毎月実施され、在宅受験も可能。通信講座の受講費用は5万円前後が多いです。

ファイナンシャルプランナーは、税金、保険、年金などの知識を持ち、ライフプランの設計やアドバイスを行うお金の専門家です。金融・不動産業界への就職はもちろん、自分自身の人生設計にも役立ちそう。通信講座は5万～15万円が主流のようです。

登録販売者は、ドラッグストアや薬局などで販売されている一般用医薬品などの販売を行うための資格で、2015年度から受験資格が緩和され、実務経験なしで誰でも受験できるようになりました。資格を取得すれば、開業も可能。通信講座の費用は3万5000～5万円くらいです。

投資67 失業しても慌てないために

失業給付の差

	会社都合退職	自己都合退職
最短支給開始日	7日後	3カ月と7日後
給付日数	90～330日	90～150日
最大支給額	約260万円	約118万円
給付制限	なし	あり
国民健康保険料	最長2年間軽減	通常納付

もらえる？失業手当と退職金

会社を辞める場合、「会社都合退職」か「自己都合退職」かによって退職金や失業手当が大きく変わります。

「会社都合」の場合は最短7日後には失業給付金を受け取ることができ、総額も自己都合の倍以上。中でも解雇の場合は、最大給料30日分の解雇予告手当も受け取れます。

また国民健康保険料の軽減措置も受けられますが、手続きした日からではなく、離職の翌日から最長2年間ですので、速やかに手続きする必要があります。

「自己都合」の場合は総額が少なくなるだけでなく支給開始が離職から3カ月後となるため、その間は給付金なしでやりくりしなくてはなりません。

退職金の額は法律的な規定がなく、会社の就業規則によって変わります。「自己都合」の場合は減額となることが多いようです。

○○ネイル
株主ゆーたい
○○商事
グルメ
ギフト券
○○うどん
株主ゆーたい
みかん

6章

趣味
Hobby

趣味にかけられるお金は
いくらくらいが妥当か知ることはとても大切。
そこで、この章では働く世代の女性が
趣味などに費やすお金の平均をご紹介します。
またお金が貯められる
日々のちょっとした工夫についても
お話しします。

趣味
68

趣味にお金をかけすぎるのはよくないの？

趣味にかけるお金の考え方

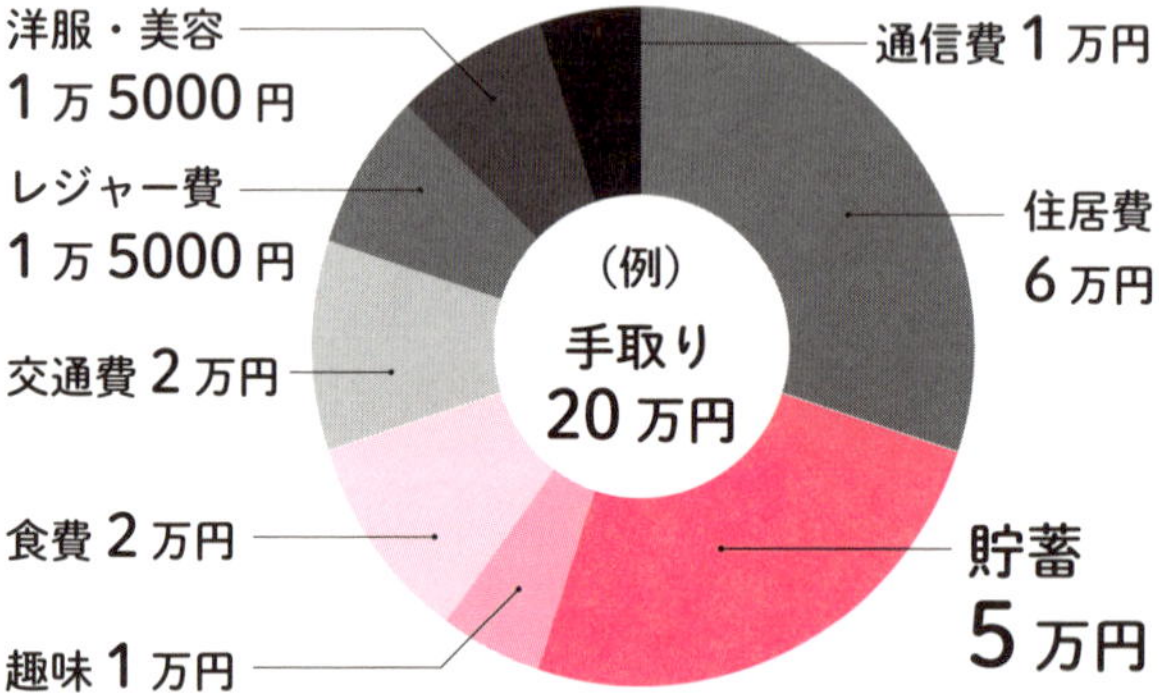

- 貯蓄は**手取りの25%**を目安に。そこから必要経費を引いた金額内で趣味の費用を捻出すること
- 趣味にお金をかけたいのなら、必要経費を見直すこと
- 「娯楽」と「必要経費」を見極めて！

まずは自分の変動費を出してみよう

趣味は人生を豊かにしてくれるツールのひとつですが、あまりにもお金をかけすぎて、貯蓄ができないというのは考えもの。

貯蓄に関していえば、一般的には手取りの25％を貯めていくのが理想的です。例えば手取りが20万円であれば、貯蓄にまわすのは5万円。残りの15万円が家賃や光熱費などの必要経費になります。

仮に家賃が5万円、光熱費や通信費などの固定費が2万円としたら残りは8万円になりますから、そこから食費や交際費などを除いた分のお金、つまり変動費が結果として趣味に使えるお金だと考えるとよいでしょう。

「娯楽」と「必要経費」は違う

趣味にお金をかけたいのであれば、家賃や通信費、食費などを見直しましょう。何かを買うにしても、それが本当に自分に必要なのかよく見極めて。

また趣味にかける費用が自分にとって、有益なものかどうか、きちんとジャッジする必要も。やはりお金が貯められないほど趣味につぎ込んでしまうのは考えものです。例えばフラワーアレンジメントや語学学習などの場合、後にスキルアップにつながるのであれば、それは必要経費になりますが、反対に単に好きだからといった理由であれば意味合いは違ってきます。

趣味 69

働く女性に人気の習い事が知りたい！

人気の習い事ランキング

1位 英語

2位 ヨガ・ピラティス

3位 フィットネスクラブ

4位 パン

5位 医療（看護・医療事務など）

６位以下はお菓子、家庭料理、簿記、ピアノ、ワード・エクセル、ペン字などが続く。

出典：ケイコとマナブ調べ「2017 年度 人気おケイコランキング」

今や英語は仕事に欠かせないもの！就職や転職にも有利だし

働く女性に人気の習い事は？

株式会社リクルートマーケティングパートナーズに設置された社会人の学び事・習い事に関する調査機関であるケイコとマナブによる「2017年度人気おケイコランキング」では、20～34歳の働く女性に一番人気があるのは「英語」、次いで「ヨガ・ピラティス」という結果。

全体的には現在の生活を充実させたり、仕事のレベルアップに役立つ習い事の順位が高かったようです。例えば趣味系の習い事では「パン」「ペン字」「書道」「メイク」、仕事系では「ファイナンシャルプランナー」「心理・カウンセリング」などです。

いくらまでならお金をかけられる？

趣味目的の習い事に対し、果たしていくらまでならお金をかけられると考えるのでしょうか。

同調査によると、気軽に始められる金額は1カ月あたり5169円で、始めるかどうかしっかり考える金額は9321円が平均でした。

一方、仕事や資格取得の目的でかけられる金額（目標達成までの総額）について気軽に始められる金額は2万1071円で、始めるかどうかしっかり考える金額は3万7716円。趣味に対し仕事目的の習い事のほうが金額が高いのは、自己投資への前向きな姿勢を表しているのかもしれません。

趣味 70

あなどれない!? ペットの飼育費用

ペットの長寿化が進み飼育費用は年々増加

ひと昔前、犬は番犬として外で飼うケースが多く見られましたが、現在では屋内で飼うことが一般的になりました。猫もまた同様に屋内で飼われることが増え、結果として事故や病気などで亡くなることが減っています。このような飼育環境の変化、また医療の発達により、ペットの長寿化が進んでいます。

ペットの場合、最もコストがかかるのが医療費です。ペット保険に加入していない場合、検査や手術が必要であれば10万円を超えるケースも。

えさ代やペットシーツなどのトイレ用品代、定期的なワクチン接種、場合によってはトリミングやペットホテルなども必要になることがあります。ペットを飼うことは、つまり月々のランニングコストも必ず発生するということをお忘れなく。

ペットにかかるトータルの費用

■犬の場合（平均寿命 14.36 歳）

120万9862円

※犬の年齢ごとに算出した平均支出金額を平均余命まで足しあげることにより算出

■猫の場合（平均寿命の 15.04 歳）

80万9913円

※猫の年齢ごとに算出した平均支出金額を平均余命まで足しあげることにより算出

出典：一般社団法人ペットフード協会「平成 28 年 全国犬猫飼育実態調査」より

趣味 71

最近の国内旅行事情が知りたい！

国内旅行、いくらかかる？

■国内旅行ひとり1回あたりの旅行単価

3万2687円

- 宿泊旅行の場合　4万9234円
- 日帰り旅行の場合　1万5602円

出典：観光庁「2016年 旅行・観光消費動向調査」より

やっぱり国内旅行は安・近・短が魅力？

季節やタイミングなどによって変わる旅行費用。観光庁の調査によると日本人ひとりあたりの旅行単価は3万2687円ほどで、宿泊の場合は4万9234円、日帰り旅行は約1万5602円だということがわかりました。また年間を通してみると沖縄や北海道、京都や東京などが人気の旅先のようです。

国内旅行は、移動と宿泊を別々に予約するよりもセットになったフリータイプのツアーを選んだほうがお得なケースが見受けられます。

より安さを求めるのであれば、旅行サイトや航空会社などの会員になるのもよいでしょう。メルマガなどで会員向けにお得な旅情報などを紹介していることがあるからです。

最近話題の民泊ですが、無許可で営業している物件もあり、トラブルも少なくありません。もし利用するのであれば、自治体の認可を得た民泊を扱うサイトで予約することをおすすめします。

趣味 72

最近の海外旅行事情が知りたい！

海外旅行はネットを駆使して情報収集を

日本人が海外旅行に出かける時期は春休みと夏休みが多いものですが、その行き先はアジアが最も多く、ついで北アメリカ、ヨーロッパと続きます。

こうしたハイシーズンは旅費も高くなりがちですが、最近ではホテルや航空券の価格比較サイト、また口コミサイトなどが充実してきていることから、以前と比べると海外旅行もよりお得に、気軽に行けるようになりました。

世界最大の旅行口コミサイト「トリップアドバイザー」が2泊3日の旅行を想定し、滞在費用など旅行物価を比較調査※したところ、最もリーズナブルな世界の観光地はハノイ（ベトナム）で5万810円、以下はムンバイ（インド）、ケープタウン（南アフリカ）と続き、最も高い観光地はニューヨークで18万6790円、以下は東京、ロンドン。旅行物価の安い国のトップ10にはマレーシア、タイ、インドネシアなどがランクインしていることから、滞在費を安く抑えたいのであれば東南アジアへの旅行がよいのかもしれません。

海外旅行
ひとり1回あたりの旅行単価

23万7439円（約1週間の場合）

■国別地方別　人気海外旅行先

順位	国名	年間旅行者数	ひとり1回あたりの平均費用
1	アジア	947万7000人	16万8998円
2	北アメリカ	322万5000人	34万1884円
3	ヨーロッパ	200万9000人	36万1911円

出典：観光庁「2016年 旅行・観光消費動向調査」より

※「旅行者物価指数（トリップインデックス）2016」。4つ星ホテルでの3泊宿泊、計3か所の観光名所への訪問、3回分の昼食代と夕食代、また夕食をとるレストランへのタクシー往復費用3回分の平均値を合計

趣味 73

マイレージシステムはお得なの？

マイルを貯めるなら〝陸《おか》マイラー〟に！

飛行機を利用した際、「マイレージ」「マイル」という言葉を耳にしたことはありませんか？

マイレージとは航空会社が実施しているポイントプログラムのことで、マイルはそのポイントの単位のこと。

ドラッグストアなどで買い物をするとポイントがもらえるのと同様に、マイレージプログラムでは飛行機に搭乗したり、買い物をするとマイルが貯まります。そのマイルは無料の航空券をはじめ、商品や電子マネーなどと引き換えができるお得なしくみです。

マイルは飛行機に乗らずとも貯めることができ、航空会社と提携したクレジットカードを利用しながら貯めることもできます。また、そのようにマイルを貯める人を〝陸マイラー〟と呼ぶことも。

ただし注意したいのはマイルの有効期限。国内の航空会社は3年の期限が設けられています。一方で外資系は、有効期限がない場合がほとんどなので、海外へのフライトが多い人は外資系のマイレージプログラムを利用するといいかもしれません。

特典航空券　各社必要マイルの目安

	JAL	ANA
東京＝沖縄	15000	14000
東京＝バンコク	35000	30000
東京＝ニューヨーク	50000	6000

※いずれも往復。海外はエコノミーの場合
※ ANA はローシーズン時、JAL は通常時のマイル数
※ 2017 年 8 月現在

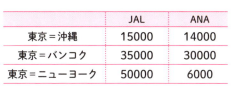

趣味 74

備えておけば安心？ 海外旅行保険

海外旅行保険、入るべきか否か

海外旅行に行く際、新たに保険に入ったほうがいいか悩まれる方もいることでしょう。

世界各国を比較した時、日本に比べて他国、特にヨーロッパとアメリカは医療費が高額なケースが目立ちます。例えばニューヨークで急性虫垂炎で入院し、手術後腹膜炎を併発して8日間入院した場合は7万ドル、上腕骨骨折で入院手術（1日入院）で※1万5000ドルの請求があったケースも。

最近ではクレジットカードに海外旅行保険が付帯しているケースも多く、単体の海外旅行保険に入らない方もいるようですが、一般的なカードで入院・通院費用が50万円程度、ゴールドカードでも300万円程度で、旅行先で荷物の紛失などの費用には対応していないことがほとんど。

単体の海外旅行保険はこのようなケースにも対応していることが多いので、もしものことを考えれば十分な補償額の海外旅行保険に加入しておいたほうが安心です。

知っておきたい 海外旅行保険の注意点

- 渡航先の医療費事情（治療・入院費など）について調べておく
- 海外旅行保険が付帯するクレジットカードの場合、補償額や自動付帯か利用付帯かも調べておく
- 単体の海外旅行保険に加入する際は、保険料だけでなく補償内容などの中身もしっかりと確認すること

※外務省 HP「世界の医療事情」

趣味75

フリマアプリでお小遣いゲット！

市場規模が大きくなるフリマアプリ

今や多くの人が利用しているフリマアプリ。これはスマホのアプリ上でユーザー同士、売り買いできるサービスのこと。その手順ですが、不要になった持ち物をスマホのカメラで撮影し、売り値を付け、アプリ上に出品するというもの。

買い手がついた場合、手数料の有無については運営会社によって違います。手数料がある場合は販売価格の10%ほどを出品者が負担するというケースが見受けられます。

ちなみに※楽天リサーチによると、オンラインで不用品を売買する際に利用するデバイスは若い世代ほどスマホを使う傾向にあり、20代では89%だということです。

スマホひとつで気軽に売り買いができますし、捨てるよりも出品してお小遣い程度の金額でも手元に残れば使わない手はないでしょう。

逆に自分が欲しかったアイテムも探してみると思わぬ値段で入手できることもあり、フリマアプリは上手に使えば節約にも役立ちます。

フリマアプリを使うメリット

- 登録料や会費などが不要で、アプリ上で簡単に売り買いができる
- 意外なモノでも売れる
- 売る商品によってフリマアプリを使い分けるのもOK

※楽天リサーチ「中古品（リユース品）の売買に関する調査」

趣味 76

上手に活用！「株主優待」

株主優待って何がもらえる？

- 金券、割引券
- 食事券
- コスメ、雑貨
- カタログギフト
- お米などの食料品

商店街のスタンプは集めてるけど株主優待もお得そう

企業によって特色がある株主優待

もし、あなたがこれから株を買ってみようと考えているのであれば、株主優待のある銘柄を選択肢のひとつに入れるとよいかもしれません。

株主優待とは、株式を保有している企業から値上がり益や配当以外に金券や商品券、化粧品や食料品などをもらえる優待制度のことで、上場企業のおよそ3割が実施しています。企業によってもらえる商品やサービスが異なるため、株主優待を楽しみに株式投資を行っている方も。

株主優待をもらうためには？

優待銘柄を買うのであれば、まずは証券会社に口座開設を。ネット証券であれば購入時の手数料も安く、取引しやすいメリットがあります。10万円台以下の銘柄もありますので、最初は少額からスタートしましょう。

銘柄を選ぶ際、優待内容を必ずチェックするほか、赤字企業は避け、配当金を継続的に出しているかを確認することが大切。また、株主優待をもらうためには権利付最終日までに株を保有している必要があります。つまり締め切り日までに購入するということです。

例えば食事券や商品券などが欲しいのであれば、自分がファンだったり、よく利用する企業を目安に選ぶと株主優待のお得度もぐっと増します。

趣味 77

知らないと損するクレジットカード活用法

クレジットカードのポイントがいくら貯まってるか気にしてなかった！
さっそくチェックしなきゃ

クレジットカードの上手な活用法

通信費や光熱費
など毎月発生する
固定費は
カード払いがお得

ポイントを
失効（期限切れ）
させないために
こまめな確認を！

クレジットカードを
何枚か持って
いるのであれば、
利便性と還元率を
優先するべし

間違ったカードの使い方をしてはいませんか？

クレジットカードは上手に使うことができれば、節約にも貯金にもつながります。

例えば、通信費や光熱費、保険料など毎月の支払いが発生する固定費をクレジットカード払いにしておけば振り込み忘れを防ぐこともできますし、ポイントも貯まるので一石二鳥です。

ほとんどのポイントに有効期限があります。忘れた頃にポイントを使おうと思ったら失効していた、なんてこともあるのでご注意を。

ポイントの還元率は必ずチェック

複数枚のクレジットカードを持っているのであれば、メインのカードはよく利用する店で使えて還元率の高いもの選ぶとよいでしょう。

例えば１００円利用するごとに１円相当のポイントが返ってくるカードの還元率は１％。一般的なクレジットカードは還元率０・５％が多いようですが、例えば１・５％のクレジットカードに変えた場合、毎月の支払いが３万円であれば還元される金額は年間で１８００円から５４００円となり、３６００円多く還元されることになります。また、年会費がかかるカードを使わず放置していたら解約しましょう。

趣味
78

若さにかけるお金って？

若さはお金で買える!? ただし相応の金額が必要

アンチエイジングという言葉が一般的になった今、どうやったら若さを維持できるか、老若男女問わずその関心は年々高まりをみせています。

例えば美容医療の広がりもそのひとつ。病気やケガの治療とは異なり、美容を目的とした医療サービスのことで、ヒアルロン酸やボトックスなどの注射やレーザー治療、整形手術などを行う病院は全国的に増えています。

ご存じの通り、美容医療は基本的に医療保険がきかない自費治療。そのため料金は病院によって大きく異なります。

20、30代は鼻を高くしたい、目を二重にしたい、小顔にしたいといった顔のパーツを気にする傾向が強いですが、40代以降だとシミやしわ、たるみといった老化現象の悩みにシフトする傾向にあります。

例えば顔に何らかの施術（メスを入れる手術や注射など）を行う場合、きちんとメリット・デメリットを確認し、必要であればセカンドオピニオンを受けることも大切です。

人気の施術、いくらかかる？

■シミ消しレーザー治療

1cmのシミで平均3000～1万円

■ヒアルロン酸注射

ほうれい線に注入の場合　平均5万～10万円

■ボトックス

エラに注入の場合　平均5万～10万円

趣味 79

趣味や特技をお金に変えよう！

副業を成功させるために

自分の趣味やスキルが副業として成立するか考えてみよう

小商いができるアプリがあればそれを上手に利用しよう

趣味やスキルを活かして貯まるしくみを作ろう

本業での収入がなかなか上がらない昨今、副業でお金を稼ぐ人が増えています。

例えば趣味やスキルを活かして収入に結び付けるパターン。手先が器用な人なら手作りのアクセサリーをハンドメイドマーケットのアプリなどで販売するという方法があります。

他にも料理やアロマなどに関する資格を持っていれば、週末を自宅サロンとして開放し、教えることも可能。教えたい人と学びたい人をマッチングさせるアプリなどもあるので、そうしたツールを使うことも有効です。好きなことがお金になることで日々のモチベーションアップにもつながります。

ただし会社員の方が注意すべきは、副業が可能かどうか就業規則を確認することと、副業で得た収入が所得20万円を超えた場合、確定申告が必要になるということです。

保険には
入っておかないと〜
ふむふむ
ぺう
ぺ〜う
保険

7 章

保険

Insurance

他人に言われるがままに選んでしまうと
思わぬところで損をしてしまいがちな保険。
自分にとっての必要・不要を
見極めることが非常に重要です。
保険選びを失敗しないコツは
情報と知識を持つことといえるでしょう。

保険 80

社会保険のしくみ

社会保険に含まれる５つの保険

健康保険
療養費の給付、高額療養費制度、出産育児一時金、出産手当金、傷病手当金、埋葬料

雇用保険
失業給付、育児休業給付金、就職促進給付、教育訓練給付、雇用継続給付

年金保険
障害年金、遺族年金、老齢年金

介護保険
介護が必要と認定された場合の給付。40 歳以上から負担開始

労災保険
業務に関わる病気やケガに対する給付。保険料は事業主が全額負担

社会保険って高いけど保障は充実してるのね

社会保険ってどんなもの？

毎月お給料から天引きされる、社会保険料。結構な金額を引かれているけれど、恩恵を感じるのは、医療費が３割負担で済むことくらいかもしれません。

社会保険の保障は実に幅広く、医療費の負担が軽くなる健康保険以外にも、失業手当などが受け取れる雇用保険、老後や重い障害を負った時に年金が受け取れる年金保険、そして、介護保険と労災保険、これら５種類の保険をまとめて、社会保険と呼んでいます。

健康保険加入で受けられる保障

健康保険に加入していることで受けられる保障は、医療費の負担軽減だけではありません。

ひと月にかかった医療費の自己負担額が高額になった場合、一定額を超えた分が後で払い戻される高額療養費制度、病気やケガで会社を３日連続して休んだ後の４日目からは、１日につき本人の標準報酬日額の３分の２に相当する額を最長１年６カ月まで支給する傷病手当金が受けられます。

出産した時には、１児につき42万円が支給される出産育児一時金、出産で会社を休んだ時は、出産手当金が支給されます。

さらに、本人が死亡した場合、葬儀をした家族に５万円が支給されるほか、家族（被扶養者）が亡くなった場合も家族埋葬料として５万円支給されます。

保険 81

30代シングル女子はどんな保険に加入してる？

30代シングル女性が加入している生命保険商品ベスト3

1位	医療保険・入院保険	70.7%
2位	終身保険	31.0%
3位	がん保険	29.3%

出典：ニッセイ基礎研究所「平成21年度生命保険マーケット調査」

■シングル女性の1カ月あたりの生命保険の払込保険料

1万円未満　43.1%

出典：生命保険文化センター「平成28年度　生活保障に関する調査」

30代シングルの保険は自分のため

30代シングル女性が加入している保険は、医療保険が圧倒的に多いという調査結果。入院で仕事を休まなくてはならなくなったときに、なるべくお金の負担がないようになど、自分自身の生活を維持するための備えであることがうかがえます。

医療保険は、病気やケガをした時に、入院費用や手術代をサポートしてくれる保険です。入院給付金が1日5000円の保険であれば、月々の保険料が1500円前後の手頃な商品もあります。また、女性特有の病気に対して手厚く保障してくれる「女性向け医療保険」もあります。

生命保険の保険料は毎月1万円未満

まだまだ元気で仕事もプライベートも充実させたい年頃ですから、お財布の負担にならない程度の毎月の保険料で、自分に本当に必要な保障をしてくれる保険がベストといえます。

1カ月あたりの払込保険料は、半数近くのシングル女性が1万円未満という結果です。自分に起こるリスクを考えて、医療保険を中心にしっかり検討しましょう。

生命保険に加入するなら、まずは、会社のグループ保険を検討し、次に、掛け捨ての共済保険を検討しましょう。

保険
82

結婚したら家族のために保険に入るべき？

結婚している人の保険加入率は？

夫婦ともに加入　74.2%

■ 30 代夫婦の死亡保険金額

平均　約 3072 万円

※うち妻（30 代）の保険金額

平均　約 995 万円

■ 30代世帯の１カ月あたりの
生命保険の払込保険料

平均　約 2 万 5200 円

出典：生命保険文化センター「平成 28 年度　生活保障に関する調査」

家族ができたら入る保険も見直さないといけないわね

既婚女性の保険は自分と家族のため

30代既婚女性の場合は、自分自身の病気やケガへの備えだけでなく、家族の備え、また、自分に万一のことがあった際に、家族のために残す資金を考える必要性が出てきます。そのため、結婚を機に生命保険に入るという人も多く、生命保険文化センターの「生活保障に関する調査」によると、夫婦ともに生命保険に加入している世帯は74・2％に上ります。

夫婦の保険金は３０００万円

世帯主が30代の世帯の死亡保険金の額は、平均約３０７２万円、30代妻の平均は約９９５万円のデータから、夫３０００万円、妻１０００万円程度が死亡保険金額の相場のようです。

世帯主が30代の場合、１カ月あたりの生命保険の払込保険料は、平均約２万５２００円。それなりに家計への負担はあるものの、家族のための備えは必要不可欠といえます。

結婚をしたら、独身時代に加入していた保険の内容を確認しましょう。生命保険の受取人が両親名義の場合には、夫に変更を。名義変更とともに内容を確認し、結婚後のライフスタイルに合っているものかどうか、ご夫婦で話し合うことが大切です。

また、保険を売らないファイナンシャルプランナーに相談してみるのも一案です。

保険 83

傷害保険にはどんなメリットがあるの？

不慮の事故による損害を保障

■ 1カ月あたりの保険料

約600～6000円くらい

■傷害保険の種類

- 普通傷害保険
- 家族傷害保険
- 交通事故傷害保険
- ファミリー交通事故傷害保険
- 国内旅行傷害保険
- 海外旅行傷害保険
- レジャー保険
- 自転車保険など

不慮の事故に特化した傷害保険

傷害保険は、不慮の事故によるケガで入院・通院したり、後遺障害が生じたり、死亡した場合に保険金が支払われる損害保険の一種です。

一般的に病気とケガに対して保障される生命保険や医療保険とは異なり、傷害保険には、病気は含まれません。そのため医療機関での健康状態の診査などの必要がなく、簡単な告知のみで加入することができ、また年齢や性別によって保険料が異なることもありません。その代わりに職業や趣味の危険度によって保険料が区分され、傷害リスクが高い職業や趣味のほうが、通常、保険料が高くなります。

傷害保険の保険料と種類

傷害保険にはさまざまな種類があります。それだけに保険料も、月々600〜6000円くらいと幅がありますが、医療保険などに比べると基本的に安価です。

オーソドックスな普通傷害保険から、補償内容を交通事故に絞った交通事故傷害保険、旅行やレジャー、自転車保険など、あらゆるシーンを想定した商品があります。種類によって、被保険者の範囲や補償される範囲が異なりますので、自分だけでいいのか家族も含めたいのか、日常的に必要なのか旅行中だけなのか、目的に合ったものを選ぶようにしましょう。

保険 84

学資保険とは？

子どもの将来のための貯蓄

■小学生ママで貯蓄を「している人」

73%　※スタートは「妊娠中～０歳」61.8%

■貯蓄の方法は「学資保険」を利用

60.8%　※次いで「銀行預金」「郵便貯金」など

出典：博報堂こそだて家族研究所「こそだて家族の『小学生ファミリーのお金事情と消費』レポート（2016年）」

学資保険の魅力は薄まった？

学資保険とは、子どもの教育資金の積立を主な目的とした保険商品で、毎月保険料を払い込み続けることで、満期時に満期保険金を受け取ることができます。万が一、契約者である親が死亡した場合などには、以後払い込みは免除され、満期時に保険金が支払われます。

学資保険は、払い込んだ保険料より満期保険金額が高くなる＝返戻率の高さが魅力といわれていました。しかしながら、超低金利のこのご時世、学資保険の返戻率も下がり、商品によっては元本割れも。貯蓄としての魅力は薄まりました。

また、途中解約すると戻ってくるお金が、それまで支払った保険料の総額よりも少なくなるというデメリットもあります。

子どものために学資保険、という考えが定番化している一方、運用次第で効率的に増やせて節税効果もあるジュニアＮＩＳＡが２０１６年にスタートし、話題を集めています。世帯収入やライフプランを踏まえ、教育資金の貯め方を考える時代に変わりつつあります。

保険 85

国民健康保険の制度

国民健康保険と健康保険の主な違い

	国民健康保険	健康保険
保険料の負担	全額自己負担	半分は勤務先が負担
運営者	市区町村役場	協会けんぽ、各社会保険組合
保険料の算定方法	世帯単位で、加入者の数、年齢、収入などにより算出	個人単位で、年齢、収入などにより算出

国民健康保険と健康保険の違い

会社の健康保険に加入している方や、生活保護を受けている方以外は、国民健康保険（国保）に加入することになります。国保はお住まいの市区町村によって運営されるため、保険料の計算方法も住む場所によって多少異なります。会社と折半になる健康保険とは異なり、支払いは全額負担です。

また、国保には扶養という概念がなく、たとえ扶養している家族であっても各々保険料が発生します。この点から、国保のほうが家計への負担は大きくなりがちといわれています。

保障範囲は、基本的には健康保険と同じで、医療機関を受診した場合の自己負担は3割です。出産育児一時金も受け取れますが、健康保険にある出産手当金や傷病手当金はありません。

保険 86

主婦がパートとして働くときの106万円の壁とは？

注意しておきたい「年収の壁」

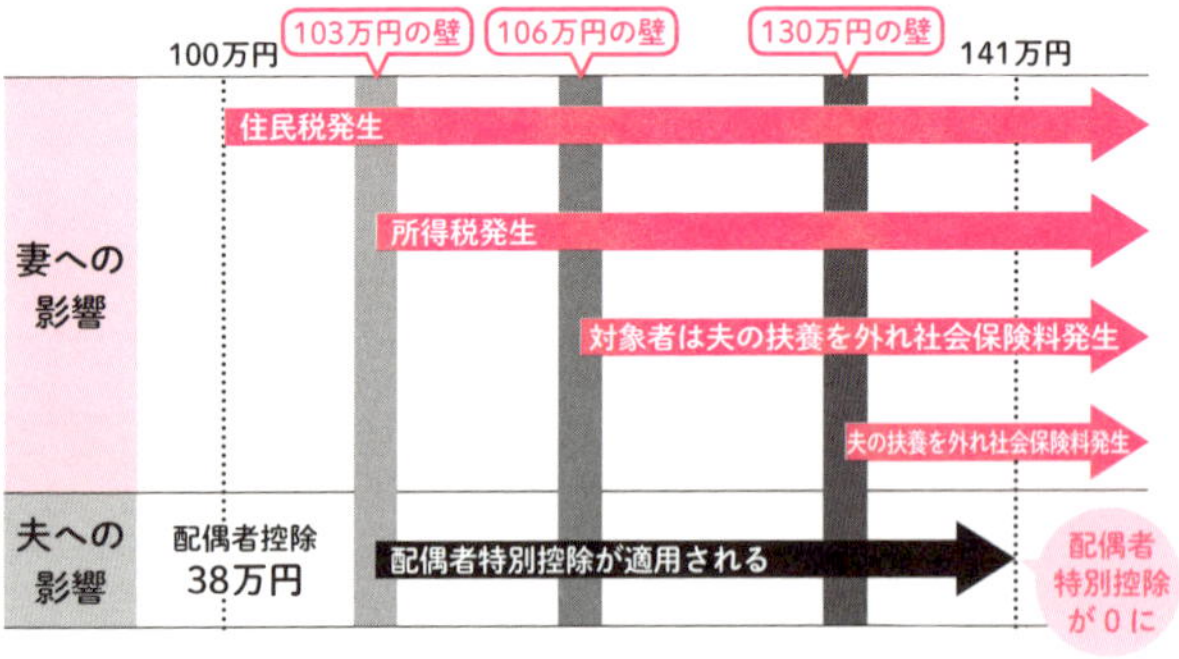

■「106 万円の壁」の対象となる要件

1. 労働時間が週 20 時間以上
2. 1 カ月の賃金が 8.8 万円（年収 106 万円）以上
3. 勤務期間が 1 年以上の見込み
4. 勤務先が従業員 501 人以上の企業
5. 学生は対象外

103万円の壁と130万円の壁

主婦がパートとして働く時に気になるのが、年収の壁です。

年収103万円を超えると、夫の扶養控除から外れ、住民税に加え所得税がかかってきます。これが税法上の壁といわれる103万円の壁。とはいえ、所得税・住民税合わせても税負担はさほど重くなく、夫の配偶者控除はなくなりますが、代わりに配偶者特別控除が受けられますので、あまり意識する必要はないでしょう。

一方、社会保険上の壁といわれるのが130万円の壁。

パートの年収が130万円を超えると、夫の扶養から外れ、公的年金や健康保険などの社会保険料を支払わなくてはならなくなります。社会保険料は年間で結構な額になり、一気に手取り額が減少するため、大きな壁といわれています。

106万円という新たな壁

2016年10月から社会保険上の壁が、一部の人を対象に、130万円から106万円に下げられ、これにより年収100万円より年収106万円のほうが手取り額が減るといった所得逆転現象が発生しています。

ただし、メリットもあります。社会保険に加入することによって将来受け取れる年金額が増加します。また、出産手当金や傷病手当金が給付されるなど保障も強化されます。

8 章

老後

Old age

親の介護から自分の老後の暮らしまで、
不安に感じる人は少なくありません。
その不安を払拭するには
正しい情報と蓄えを持つことが大切です。
今から備えることができれば、
何も恐れる必要はありません。

老後 87

介護費用、在宅と施設でどう違うの？

在宅介護と施設介護にかかる費用の目安

■「在宅介護」の月額費用

１カ月あたりの
「在宅介護」にかかる費用は平均で **5万円**

内訳
介護保険サービス費用に平均１万 6000 円
介護サービス以外にかかる費用は平均３万 4000 円

出典：公益財団法人家計経済研究所「在宅介護のお金と負担 2016 年調査結果」
※「高額医療・高額介護合算療養費制度」などの制度や自治体による補助などを利用していれば、最終的な負担は軽減されていることも。

■「施設介護」の月額費用の平均相場

特別養護老人ホーム（特養）	7万～15万円
介護老人保健施設（老健）	8万～17万円
介護療養型医療施設（療養病床）	8万～17万円
ケアハウス（軽費老人ホーム）	8万～20万円 （入居金がかかるケースも）

出典：© みんなの介護「老人ホーム・介護施設の費用・料金」
※内訳として、介護保険１割自己負担や生活費、医療ケアやリハビリなどの費用がかかるケースも。

在宅介護と施設介護、選ぶ基準は費用だけ？

できれば、自分の親が長年住み慣れた家で介護してあげたいと考える人は少なくありません。「在宅介護のお金と負担２０１６年調査結果」（公益財団法人家計経済研究所）によれば、在宅介護にかかる１カ月あたりの費用は平均で５万円。その内訳は、介護保険によるサービスそのものにかかる費用が１万６０００円、介護用品の購入費や医療費など、介護サービス以外でかかる費用が３万４０００円となっています。

施設に払う居住費がかからない在宅介護のほうが費用は断然安く抑えられます。

しかし、介護が必要とされる度合いが高くなるにつれ費用もかかり、在宅介護は難しくなっていくもの。例えば、自宅をリフォームしながら介護しやすい環境に整えていくことも可能ですが、その分の工事費用もかかります。

自治体が実施する支援制度にも目を向けて

施設介護の場合、月々のまとまった金額が必要に。また入居者の要介護度などによっても費用は変わってきます。

介護は経済的な負担以上に、体力面や精神面での負担が重くのしかかってくるものです。自分ひとりで抱え込まず、施設介護も視野に入れた上で無理のない介護をしていきましょう。

老後 88

介護施設の種類と選び方

主な介護施設

特別養護老人ホーム（特養）

介護老人福祉施設（特別養護老人ホーム）は、入所者が可能な限り在宅復帰できることを念頭に、常に介護が必要な方の入所を受け入れ、入浴や食事などの日常生活上の支援や、機能訓練、療養上の世話などを提供。

介護老人保健施設（老健）

介護老人保健施設は、在宅復帰を目指している方の入所を受け入れ、入所者が可能な限り自立した日常生活を送ることができるよう、リハビリテーションや必要な医療、介護などを提供。

※厚生労働省「介護事業所・生活関連情報検索」より一部抜粋

有料老人ホーム

高齢者の生活全般をサポートする民間施設。経営的な観点から運営されているので、入居一時金や前払い家賃が必要になることも多く、費用は高め。

明るい老後を迎えるためにも今からコツコツお金を貯めないと！

入居待ちが続く公的施設

自宅介護が難しくなった場合の選択肢として挙げられるのが施設介護です。

高齢者介護施設は、特別養護老人ホーム（特養）や介護老人保健施設（老健）などの社会福祉法人や地方自治体が運営する公的な施設と、民間企業が運営する施設とに分けられます。

ニーズが多いのは費用が安い公的施設の特別養護老人ホーム（特養）ですが、入居対象となるのは、原則65歳以上、要介護3以上で自宅介護が困難な人。その中でもより症状の重い人が優先されるため、誰でも簡単に即入居といかず、入居待ちの状態が続いています。

もうひとつの公的施設である介護老人保健施設（老健）は自宅復帰を目指すことを目的にリハビリや医療、介護を受けることができます。入所基準は65歳以上で要介護1以上の高齢者。特養との違いは在宅復帰が目的となるため、入所期間が限定されていることです。

入居条件は低いが、費用は高めな民間施設

一方、特養のように、介護に特化しつつも入居条件のハードルが低い施設が「介護付き有料老人ホーム」。民間運営のためその特色や価格帯もさまざまですが、入居一時金や前払い家賃として数百万～数千万円が必要となるケースもあるようです。

老後
89

家族の介護は大事だけど仕事は続けたい……

介護休業制度とは？

■介護休業・介護休暇のポイント

・介護休業とは対象家族の介護のために取得する長い期間の休業
・対象家族ひとりにつき、通算93日以内、原則3回までの分割取得が可能
・介護休暇とは対象家族の介護のために取得する短い期間の休暇
・半日単位でも取得可能
・介護休業とは別にカウント
※対象家族とは、配偶者（事実婚も含む）、父母、子、祖父母、兄弟姉妹、配偶者の父母、孫
・会社によっては、より手厚い介護休業・介護休暇の制度をとっている場合もある

■介護休業給付金のポイント

・2017年の制度改正により、支給額が休業開始時の賃金の40％から67％にアップ
・同じ対象家族について、複数の被保険者が同時に介護休業を取得した場合、支給要件を満たしていれば、それぞれ介護休業給付金を受給することが可能
・例えば、賃金日額1万円の人が90日間介護休業した場合、1万円×90日×67％＝60万3000円の介護休業給付金が支給される

介護のための休暇・休業の制度とは？

親や配偶者の介護を理由に、これまでの働き方が続けられなくなり「介護離職」をする人が増え、大きな社会問題となっています。

このような状況の下、介護離職を防ぐための対策として、「介護休業制度」というものが制定されています。介護休業制度とは、対象となる家族の介護をする一定期間、会社を休むことができる制度です。２０１７年1月に大幅に改正され、休業期間中に支給される介護休業給付金額が引き上げられるなど、これまでよりも柔軟なしくみに変わりました。

介護休業給付金はいくらもらえるの？

介護休業期間中、一定の条件を満たした雇用保険加入者は「介護休業給付金」を受給することができます。期間は最大で93日間、賃金日額の67%が支給されます。賃金日額とは、休業前の6カ月間に支払われた賃金を１８０で割った1日あたりの賃金額。例えば、賃金日額1万円の人が90日間の介護休業をした場合、1万円×90日×67%となり、60万３０００円が支給されることになります。

いざという時に慌てないよう、一度、自分の受給額を算出しておくと安心です。

老後
90

知っておきたい相続にかかるお金のこと

遺産相続における相続税のポイント

・2015 年の税制改正で課税対象となる基礎控除額が大幅に引き下げられた。

例）法定相続人２人の場合の課税対象となる基礎控除額の最低ライン

↓

2014 年まで

基礎控除 5000 万円＋（1000 万円×法定相続人（２人））

＝**7000 万円**

2015 年以降

基礎控除 3000 万円＋（600 万円×法定相続人（２人））

＝**4200 万円**

遺産相続で、かかるお金は？

まだまだ先の話と思っていても、いつ、どのようなタイミングで訪れるのか予測がつかないのが遺産相続。

ある程度まとまった資産を相続する場合、納めなければならないのが相続税です。2015年の税制改正では、課税対象の目安となる基礎控除額が大幅に下がったため、遺産相続はもはや、お金持ちだけの問題ではなくなってしまったのです。

また、遺産には、借金などのマイナスの財産も含まれます。できれば避けたい借金の相続ですが、これは「限定承認」という手続きをとることで回避できます。しかし、その手続きは非常に煩雑。財産がそれほど多くない場合は、比較的簡単な手続きで済む「相続放棄」という手段もあるので選択肢のひとつとして覚えておきましょう。

「遺言書」があれば相続はスムーズ

どうしても揉めてしまいがちな遺産相続も、「遺言書」があれば比較的スムーズに進行します。遺言書は紙とペンと印鑑があれば、15歳からでも書くことができる法的な文書。

しかし親に向かって「遺言書は書いた？」といきなり問いただすのは気まずいもの。まずは、世間話程度でもいいので、相続について話す機会を作ることから始めましょう。

老後 91

知っておきたい生前贈与のしくみ

生前贈与とは？

■生前贈与

生きているうち（生前）に、財産を譲渡（贈与）すること。

■生前贈与の目的は“相続税の節税”

最終的に譲渡したい財産のいくらかを、あらかじめ生前に贈与することで相続財産そのものを減らしておき、それによって死後にかかる相続税を減らすことを目的としている。

■手続きが簡単な暦年贈与

・贈与方法のひとつである「暦年贈与」は、暦年で1年間、基礎控除110万円までは贈与税がかからない。
・110万円以内の額を毎年コツコツ贈与し続ければ相続税の節税となる。

暦年贈与の注意点

・相続発生前3年間の贈与は相続とみなされ、相続税の計算に持ち戻されてしまう。
・税務署から連年贈与や名義預金とみなされないよう「贈与契約書」等の証拠文書が必要となる。

生前贈与のメリットとデメリット

最近よく耳にする「生前贈与」。その目的は、相続財産のいくらかを、生前に贈与しておくことで、相続税のかかる財産そのものを減らすことにあり、上手に利用すれば遺産相続の際の節税効果が見込まれます。

原則、生前贈与（一般贈与）にも税金（贈与税）はかかります。ただし、贈与税は1年につき110万円の基礎控除があり、年数さえかければ、非課税で財産を譲渡することができます。しかし、落とし穴も。

というのも、例えば1年に100万円ずつ20年かけて贈与してもらう場合、税務署からは最初から2000万円を贈与する意図がある「連年贈与」とみなされ、初年度に2000万円全額が課税対象となってしまいます。また、振込口座から出金の形跡がみられない場合も「名義預金」（＝贈与相手の名義だけ借りている預金）とみなされ、そのまま贈与主の財産として相続税の対象となってしまいます。

贈与契約書とは

そこで税務署への切り札となるのが、贈与の証拠となる「贈与契約書」です。この契約書には①贈与する金額②贈与の日付③贈与における双方の住所・氏名を記入し、それぞれ捺印します。必ずしも公正証書にする必要はないので、贈与の際の双方の意思確認のためにも作成しておいて損はありません。

老後
92

お葬式にかかる平均費用は？

一般葬と家族葬の費用の違い

■「一般葬」費用の平均総額は？

約 196 万円

主な内訳

- ・通夜からの飲食接待費　約 31 万円
- ・寺院への費用　約 47 万円
- ・葬儀一式費用　約 121 万円

出典:財団法人日本消費者協会「第 11 回葬儀についてのアンケート調査（2017 年）」

■「家族葬」の費用の平均総額は？

約 30 万〜 60 万円

※プラン内容によって値段に幅がある

主流になりつつある「家族葬」とは

今、首都圏を中心に主流となりつつあるのが「家族葬」という小規模タイプのお葬式です。

「家族葬」は、大勢の会葬者が訪れる「一般葬」とは違い、家族や親戚のほか、特に親交の深かった友人に限定した葬儀で、遺族が弔問客の対応に忙殺されることなく、ゆっくりと故人を偲ぶことができます。

家族葬の葬儀一式の平均費用は、30万~60万円程度と、一般葬のおよそ半額以下。とはいえ葬儀一式の費用以外に、寺院費用や飲食接待費用も必要となります。これらは葬儀社のセットプランに含まれないことが多いので、見積もり時に必ず確認しましょう。

また家族葬では、どの程度の親戚や友人まで知らせるか、ということもポイントになります。

葬儀費用は補助金が出る？

葬儀費用に関して覚えておきたいのは、補助金制度。支給額は、故人が国民健康保険加入の場合、3万~7万円程度（自治体によって異なる）、社会保険加入の場合、一律5万円（健康保険組合によっては独自の制度がある場合も）。

申請期間はどちらも死亡後の2年間です。忘れずに申請しましょう。

老後 93

お葬式の香典マナーと金額の目安を教えて

香典の金額の目安（20～40代）

親兄弟	3万～5万円
祖父母・親戚	1万～3万円
勤務先関係	3000～5000円
友人・ご近所さん	3000～5000円

■香典の注意点

・新札は避けたほうがベター。新札の場合は、真ん中に折り目をつけてから。

・会社の同僚や友人など、複数名で香典を包む場合は、目上の人が右側になるように。
3名以上の場合は、「○○一同」と書く。

・夫婦の場合は、右側に夫のフルネーム、妻は名前のみを夫の左側に。

・キリスト教式や仏式など宗教によって香典の表書きは異なります。失礼のないよう事前に調べましょう。

知っておきたい「お香典」の基本

「冠婚葬祭」の中でも、年齢が上がるにつれて増えてくるのが「葬」の行事。お通夜や葬儀などの行事は地域のしきたりや宗教・宗派によってさまざまあり、慶事の行事と違って準備時間がかけられず戸惑うことも少なくなく、「お香典」の金額について悩むことも。

お香典の金額は、基本的には、個人との付き合いの程度や社会的な立場、地域性などを加味して決めるもの。ただし、一般的に「死」や「苦」を連想させる4や9のつく金額は避けたほうがよいとされています。

また、最近多く見られる家族葬の場合、あらかじめ「香典辞退」ということが案内されているケースもあり、迷った場合は、恥ずかしがらず自分と同じ立場の人や、経験豊富な年上の人に相談してみましょう。

香典袋を選ぶ基準は？

慶事に用いる祝儀袋のマナーと混同している人も少なくない香典袋のマナー。

一般的に宗教を問わず使えるとされているのが「御霊前」ですが、浄土真宗では「往生即成仏」という教えから「御仏前」が用いられるなど、一部例外も。ほかに「御香典」「御香料」は仏式、「御花料」「献花料」はキリスト教式、「御神前」「御榊料」「御玉串料」は神式の葬儀で使用されます。

老後 94

お墓の購入前に考えておきたい自分なりの供養スタイル

まだまだ先だけど
南の青い海か
広い空に
散骨して
ほしいなぁ

お墓の平均購入価格

全国平均 167万3000円

出典：一般社団法人 全国優良石材店の会「2017 年お墓購入者アンケート調査」

■イマドキのお墓の価格

- ロッカー式納骨堂の相場ひとりにつき：**15万～20万円**
- 樹木葬の相場：**約10万～70万円**
- 海洋散骨の費用：**約5万円**

お墓を建てるといくらかかる？

少子高齢化、核家族化などが進み、社会のしくみや家族のあり方に変化が生まれている現代では、「お墓」に対する考え方も多様化しています。

お墓の購入費の全国平均は167万3000円。そしてお墓は、建てた後も長期的にかかる維持管理費用も軽視できません。実は親世代の多くは、「親の墓は子どもが建てて当然」と考えているという傾向が強いようです。

また、新たに購入の必要がなく先祖代々のお墓に入ると決まっている場合でも「後継ぎがいない」「遠方で維持管理が困難」などの理由から、墓石を撤去して更地に戻し、遺骨を新たな場所に移し、「墓じまい」する人も増えています。

お墓に入りたくない!? イマドキの供養の形

新たにお墓の購入を考えている人に人気なのが、寺院が永久に遺骨を管理してくれる「永代供養墓」です。都心部に見られる「ロッカー式納骨堂」なども そのひとつ。

最近のユニークな供養のスタイルとして話題となっているのが、樹木のそばに遺骨を埋葬する「樹木葬」などの自然葬。そして、空へと散骨する「バルーン葬」、宇宙空間へと散骨する「宇宙葬」なども話題を集めています。

老後 95

老後資金って、実際のところいくら必要なの？

65歳でリタイアしたら、
85歳までに必要な金額とは

試算方法事例

毎月の生活費 25万円 − 毎月の年金 15万円

10万円×12カ月×20年

＝2400万円

そのうち
平均寿命が
100歳になるって
聞いたけど
それだと
いつまで働けば
いいのーーー!?

老後破産しないためにできること

定年後、生活が破たんしてしまう高齢者が増え、社会問題化しています。

このような背景には金融資産を持たず、年金もいくばくしかもらえない、という厳しい現実があります。

仮に40年勤務して、その間の平均年収が300万円だった場合、現状の制度では月にもらえる年金は約12万円となります。

まとまった預金もなく、未婚でひとり暮らしであれば、果たしてその金額で暮らしていけるのか……、不安になるのも無理はありません。

不安に感じるなら現実を直視しよう

老後は誰にでも必ずやってきます。漠然と不安に感じているのなら、その時間を将来設計に充てるべきです。

まずは月の支出額を把握し、自分にとっていくらあれば生活できるのかを知ることです。

そして少しずつでもいいので貯蓄を行いましょう。確実にお金を貯めることはとても大切です。無駄な支出があればそれも見直すこと。

年金だけをあてにするなど、他人任せな将来設計は禁物。定年などで仕事を辞めたとしても、パートタイムで働き続けるなどお金が入ってくるしくみを自分で作り上げることが大切です。

老後 96

年金っていくらもらえるんだろう……？

老後にもらえる年金の目安

事例

国民年金

自営業Aさん
40年加入

年間 77万9300円

厚生年金
国民年金

会社員Bさん
平均年収
369万6084円

年間 174万3660円

■国民年金（老齢基礎年金）の年間支給額

（2017年度／平成29年度現在）

	加入期間				
老齢基礎年金支給額	40年間	36年間	32年間	28年間	25年間
	77万9300円	70万1400円	62万3400円	54万5500円	46万7600円

参考：日本年金機構

（注）1.1941年4月2日以降に生まれた人のケース。
2. 2017年4月以降の計算式。
3. 年金額に100円未満の端数が生じたときは、50円未満は切り捨て、50円以上100円未満は100円に切り上げる。

■厚生年金（老齢厚生年金）の平均的な年間支給額

（2015年度／平成27年度現在）

	平均	男性	女性
老齢厚生年金支給額	174万3660円	199万3400円	122万5572円
平均年収（標準報酬額×12）	369万6084円	418万9368円	283万8624円

参考：厚生労働省「平成27年度厚生年金保険・国民年金事業年報」

（注）「老齢厚生年金支給額」は、受給権者全員の人数を分母としたベース（全額停止措置を受けている者を含む）。

悠々自適な年金暮らし それは過去の話

毎月支払っている年金、果たしていくらもらえるのか大いに気になるところ。

現行の制度では年金が支給されるのは65歳から。会社員の場合は国民年金に加えて厚生年金も受け取れますが、年収や勤続年数によって年金額が変わります。自営業者が加入する国民年金は年収にかかわらず毎月の保険料が同額のため、年金額は20歳から60歳までの40年間加入したとしたら、６万円ほどもらえます。

お金の常識と情報を武器として持とう

老後破産も不安視される時代を生きる私たちにとって大切なのは、お金についての常識を持ち、その情報を日々更新し続けること。

例えば年金の受け取りを遅らせることで、受給額を増やすことができます（１カ月繰り下げることで毎月の受給額が０・７％増える）。また「ねんきん定期便」により詳細に加入履歴がわかり、受給額をシミュレーションできる※「ねんきんネット」も活用してみましょう。

年金制度はこの先、変わるといわれていますが、日々アップデートされる内容をきちんと把握することは、自分の老後を守るという意味でとても大切なのです。

※１年に１回、郵送で届く「ねんきん定期便」に記載されたアクセスキーでログインできる

老後 97

介護保険制度っていったい何？

介護保険制度＝高齢者の暮らしを社会みんなで支えるしくみ

利用するためには

・１号、２号ともに介護保険を運営する市区町村に申請。
・認定後、地域包括支援センターなどでケアプランの作成。
・利用料はサービス費用の１割または２割を負担。

在宅サービス	訪問介護、通所介護など
地域密着型サービス	定期巡回、随時対応型訪問、介護看護など。
施設サービス	老人福祉施設、老人保健施設など

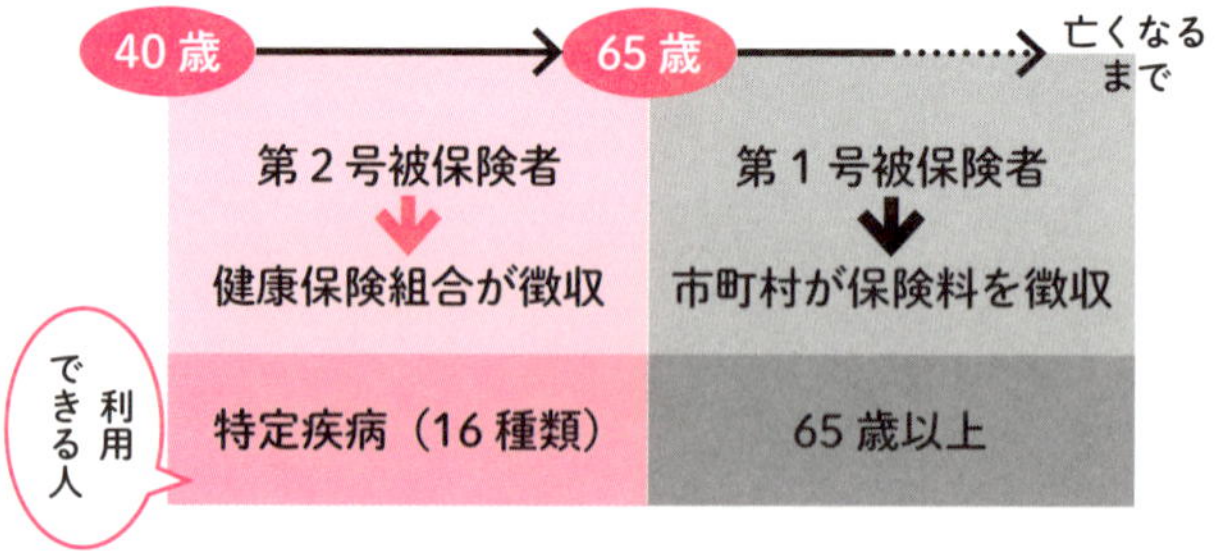

40歳以上は全員加入の介護保険とは

40歳になり給与から突然、引き落としの額が増えて驚いたという方は少なくありません。

これは平成12年からスタートした「介護保険制度」によるもので、その目的は介護を受ける必要のある高齢者を社会全体で支えること。引き落とし分は「介護保険料」と呼ばれ、健康保険に加入する40歳から64歳の人は、健康保険料と一緒に徴収されます。

65歳以上の人は年金から納めることになり、その人が亡くなるまで毎月の支払義務が生じますが、基本的に介護保険料は収入に応じて金額が決まります。

介護保険サービスを利用できるのは、65歳以上の方、もしくは40～64歳までで加齢が原因と思われる「特定疾病（16種類）」が原因で介護や支援が必要になった場合です。

介護保険で受けられるサービス

介護保険のサービスは大きく分けて「在宅サービス」「地域密着型サービス」「施設サービス」の3つがあります。

これらのサービスを利用する際には市区町村の窓口や地域包括センターに申請をして、介護が必要だという認定「要支援・要介護認定」を受ける必要があります。

老後 98

老人ホームとは違う？「サ高住」

高齢者向けでも自由度の高い住まい

近年、急速に増えているのが「サービス付き高齢者向け住宅」（サ高住）です。

これは政府が２０１１年にスタートさせた高齢者専用の賃貸住宅で、基本的に介護の必要がなく、元気な高齢者のための住まいです。バリアフリー構造かつ一定の部屋面積や設備を持ち、安否確認サービスと生活相談サービスを満たすことが義務付けられています。

特別養護老人ホームや有料老人ホームは制度上、施設という括りになりますが、サ高住は賃貸物件と同じ賃貸契約となり、外出や外泊などに制限がないところも多く、暮らしの自由度が高いというメリットも。

サ高住は体験宿泊で自分に合った住まいを選べます。広がりを見せる理由として、多世代が共生できるような町づくりや、医療や介護の連携で最期まで暮らせるしくみ作りが進んでいることなどが挙げられます。

できる限り地域とつながりながら自分らしく暮らしたいという方にとっては、最適な選択のひとつかもしれません。

サービス付き高齢者向け住宅（サ高住）とは

・バリアフリー構造
・各専用部分の床面積は、原則 25㎡以上
・安否確認・生活相談サービスの提供
・介護が必要になったら外部の介護保険サービスを受けることが可能
・家賃は立地の相場によるところが大きい

老後 99

注目を集める「シェアハウス」

ホームや施設とも違うシェアハウスという選択

介護の必要もないし、まだまだ元気。でもひとり暮らしだともしもの時が心配だし、ホームは気が進まない……。

そう考える高齢者が注目するのがシェアハウス。このような社会的なニーズを受け、高齢者向けに特化したシェアハウスや、多世代型のシェアハウスが増えています。

シェアハウスに住むメリットにはサービス付き高齢者向け住宅に比べて費用が抑えられ、入居仲間と趣味を楽しみながら、コミュニケーションをとれることが挙げられます。

高齢者向けのシェアハウスはそう数も多くはなく、課題も多いようですが、高齢社会を支える生活基盤として各地で実験的に物件を運営するところも増えており、高齢者の新たな選択肢として広まることが期待されています。

高齢者向けシェアハウスのメリット

- 一般的なシェアハウスと同様の家賃体系が多いため、安いところでは数万円の家賃で済む（ただし、敷金、礼金、仲介料が発生する場合も）
- 仲間といることで交流が生まれ、安心感を得られる

※自立した生活を送れることが入居条件になる。共同生活のルールを厳守できる協調性も重要

夢のある第３の人生を送ろう！

老後100

ハッピーな老後を迎えるために！

海外で暮らす
老後に暮らしたい海外で人気なのは、マレーシア、タイ、フィリピン、ハワイなど。物価の安い国であれば年金を含めて年間400万円程度の資金があれば現実的に考えられる。

人生90年の今、第3の人生を考えてみる

平均寿命も年々伸び続け、今や女性の2人にひとりが90歳まで生きるといわれる時代。

人生90年と仮定したら、定年から70歳までが第2の人生、そして70歳からが第3の人生と考えるべきかもしれません。

人生の総仕上げともいえる第3の人生を豊かなものにするには、50歳からの生き方がカギを握っています。その年齢であればまだまだ元気に働けますし、70歳からの人生を見越した準備期間と考えてみてはいかがでしょうか。余生を充実したものにするためにも、例えば憧れだった海外生活、気心の知れた女友達と手を取り合い、楽しく

島を買って、島で暮らす？

夢のような話だが、実は無人島を販売する不動産屋が存在。日本の場合、数千万円程度で買える島もあり、都内の一等地で一軒家を買うより安く済むことも。ただし、インフラや医療にコストがかかりそう。

友達とシェアハウスで暮らす

気心の知れた友達と資金を出し合い、古い家を増築してシェアハウスにするという手も。共同生活は孤独死対策にもつながり、地域支援センターの巡回もあるから安心。

暮らす、といった夢を思い描き、実現に向けて動くのです。

お金は人生を充実させるためのツール

未来は自分で作り上げることができます。そのツールのひとつがお金。人生を充実させ、楽しむための道具だからです。ないよりはあるに越したことはありませんが、振り回されてはダメ。そのためにもお金について賢くならなければいけません。

漠然とした人生にせず、思い描いた未来を実現するためにも自己投資は大切。もっとも若い時こそ自分磨きにお金をかけるべき。自分を「お金を生みだす資産」にすることが、豊かさへの近道なのですから。

監修　芳川幸子（よしかわ　さちこ）

1962年東京生まれ。資産形成コンサルタント、ファイナンシャル・プランナーCFP®。ゼットアップ・リサーチ株式会社　取締役。

3人の子どもを連れての離婚を機に、生き方とお金について、真剣に考えることの必要性を実感。『人生は楽しく！』と、やりたいことをやり、心豊かに『自己』を生きていくことを提唱すると同時に、自分を磨くための投資をし、しっかり働き、自分の命（時間）を削ってつくったお金にも出稼ぎさせる『ひとりダブルインカム』を提案。金融機関に属さない独立系CFP®として活動し、今年で15年目を迎える。得意分野は資産運用。美味しい情報を鵜呑みにせず「ホントかぁ？」と、実態を確かめるため国内外を飛び回っている。

2016年4月より既存のお客様を中心に、会員制クラブ【CLUB Z-UP】を立ち上げ運営を開始。皆様に喜んでいただける情報を提供し『ツイまで楽しい人生』をサポートしている。

保有資格等：ファイナンシャル・プランナー（CFP®）、1級ファイナンシャル・プランニング技能士
http://wincome.z-up.jp/

オトナ女子のそろそろお金の話
婚活から老後までのお金シミュレーション

2018年4月30日　第1刷

監修　芳川幸子

編集　酒井ゆう、北村佳菜（micro fish）、坂口亮太（パルコ）
デザイン　酒井ゆう、平林亜紀（micro fish）
文　寺村由佳理、多和田弓子（Fortune Soup）、古川あゆ
イラスト　野田節美

発行人　井上 肇
発行所　株式会社パルコ　エンタテインメント事業部
〒150-0042 東京都渋谷区宇田川町15-1
TEL 03-3477-5755

印刷・製本　図書印刷株式会社

ISBN978-4-86506-262-5 C2077
Printed in Japan

●本書に記載されている情報は、2018年3月現在のものです。
●出典記載のないデータは全て編集部調べです。
●投資は自己責任です。リスクを正しく認識したうえでご自身の責任で行なってください。

落丁本・乱丁本は購入書店を明記のうえ、小社編集部あてにお送り下さい。
送料小社負担にてお取り替えいたします。
〒150-0045 東京都渋谷区神泉町8-16 渋谷ファーストプレイス パルコ出版 編集部